JN108735

経済の論点が
これ1冊でわかる

教養のための経済学超ブックガイド88

編
飯田泰之
井上智洋
松尾匡

AKISHOBO

経済の論点がこれ1冊でわかる
教養のための経済学　超ブックガイド88

はじめに

本書は、これから経済学を学び始めようとしている学生・ビジネスパーソンのためのブックガイドです。ただし、単なる本の紹介ではありません。経済学の各分野がどのような問題に対し、どのように考えているのかを知ることで「経済学が何をしているのか」をざっくりと知っていただきたいというのが第一の目標です。

新しい仕事を始める時、新居に引っ越す時、初めての土地に旅行に行く時――多くの人は、「新しい職場のおおまかなイメージ」「土地の人々の雰囲気」を知っておきたいと思うのではないでしょうか。本書では12の分野について、それぞれの研究分野の特徴を解説した上で、予備知識なしに読むことのできる入門書の概要を、そしてやや専門的な書籍については結局のところ何を主張しているのかを紹介することを通じ、「経済学と呼ばれる領域がどのような研究をしているのか」のイメージを持っていただきたいと思います。

私たちの生活・ビジネスはともに経済活動と切っても切れない関係にあります。その「経済」を学び・研究する学問であることから、経済学に興味を持ったという人は多いでしょう。しかし、多くの「経済学の本」は皆さんの生活・ビジネスの疑問に直接答えるものにはなっていません。たまたま手に取った経済学の本が自身の疑問に答えるものになっていないことから、「経済学は役に立たない」と感じてしまう人も少なくないようです。

このようなすれ違いは、研究者と読者の興味関心が異なることから来ています。例えば、皆さんが「余裕ある老後のために貯金はいくら必要なのか」といった疑問を持つのに対し、多くの研究者が興味があるのは「老後のために人はいくら貯金するのか」です。個人の問いが「べき」に関するものなのに対し、研究上の関心は現実の人々の行動がどのようなもの「である」かが中心です（私も個人としては「いくら必要か」が知りたいです）。そのため、経済学の研究成果を自身の生活・ビジネスに活かすためには――「世の中はこのようになっている」から「だからこのように行動すると有利だろう」を自分自身で引き出す追加のステップが必要です。

個人や個々の企業が置かれている状況はあまりにも多様です。そのため、特定の書籍の話があなた自身、自社の環境そのものに完全に当てはまる可能性はゼロと言ってよいでしょう。「答え」が書いてある本を探すという不可能に近い作業に時間を費やすよりも、「である」に関する本から自分自身で「べき」を引き出すほうが効率的です。経済問題について良質（?）な「である」を仕入れる方法として、経済学を学んでみませんか?

また、経済政策に関する論争から経済学に興味を持ったという人も多いでしょう。構造改革・金融政策・財政再建といったテーマについて、経済学者からエコノミスト、さらには

SNS上でも盛んに議論が続けられています。ここから、特定の経済政策——例えば、消費税を減税すべきだといった主張をすることが経済学の、経済学者の仕事だというイメージをお持ちの方もいるかもしれません。私（飯田）も、他の編者2人も活発に政策提言を行ってきましたが、このような提言は経済学研究の中心課題ではありません。あくまで研究上の関心は経済問題の状況や特徴をつかむこと——つまりは「である」を知ることにあります。そこから時に現代の経済政策に対して（少なくとも言っている本人は有益だと思う）政策提言——「べき」を示すこともある。あくまで後者はオプション的な活動です。

何が正しい経済政策なのかを考える時には必ず価値の問題が混入します。高齢者への社会保障充実と若年層の生活支援、規制のない自由な取引環境と不自由だが安定性の高い取引制度——そのいずれを優先すべきか、もちろん各研究者の心の中にはそれぞれの評価軸があります。その評価軸が皆さんのものとは異なることも多いでしょう。自分とは相容れない価値判断を持っていても、その人の経済分析（「である」の部分）には有用な情報が含まれていることは少なくありません。自分としては全く賛同できない主張、その背後にある分析から有益な情報を抽出するためにも経済学の知識は大いに役立ってくれます。

多岐にわたる経済学の研究分野、とっつきにくい経済理論、複雑な現代経済の課題について研究者はどのように考え、どのような分析を行ってきたか——88冊の書籍紹介を通じてざっくりと理解しておくことで、今後の皆さんの思考の中で上手に「である」を仕入れ、自分自身で「べき」を導く準備にしていきましょう。

飯田泰之

目次

DISCUSSION

経済学入門、最初の一歩

飯田泰之×井上智洋×松尾匡

独学で経済学を学びはじめる前に

飯田　この本は、ブックガイドではありますが、同時に経済学・経済学者が様々な問題をどのように考えているかという経済学ガイドでもあります。経済学部ではないけれど経済学が何をしているのかは知っておきたいという学部生、社会人になってからあらためて独学で経済学について学んでみたいと考えているビジネスマンのための本を目指していています。

松尾　経済学を学ぼうと思うと、大学や大学院に入りなおすんじゃない限りは、基本的には独学になりますからね。そうすると、そもそも何から手をつければいいのかという入口のところですごく敷居が高くなってしまう。その結果、いつまでも入口が見つからずにウロウロすることになったりして。だからまず、独学のとっかかりとしてブックガイドみたいなものが必要だろう、というのが私たちが最初に編集者から受けた企画の相談でした。

飯田　それで、「経済学入門って何をすることなんですか？」って聞かれると、多くの経済学者は「ミクロ経済学とマクロ経済学の教科書を読め」って言うと思うんです。だけど、ぶっちゃけミクロとマクロの教科書って、多くの人にとってはつまんなくて読んでられないんですよね。

井上　たしかに（笑）

飯田　経済学部の一年生向け経済学入門ならばミクロ経済学、マクロ経済学の理論からはじめるのはひとつの手だとは思うんです。でもそれって、あくまで大学でミクロ経済学やマクロ経済学を学ばなきゃいけなくて、テストとかもあるし……という縛りがあった上で「いつかやらなきゃいけないんだから、理論的基礎からやろう」と言える。一方で、教養科目や非経済学部生への「経済学入門」としてミクロとマクロの教科書を読むというのは正直あまりおすすめできないです。社会人が独習するという場合も同じですね。ある程度の強制力というか縛りがない中で、ミクロ・マクロから学びはじめるというのはなかなかしんどい。

井上　おっしゃるように、本当に経済学を身につけようと思うなら、ミクロとかマクロのような基礎理論からやった方が効率がいいんですが、そもそも頭にぜんぜん入ってこない可能性が高い（笑）。多分挫折しますよね。大学の授業でも、最初に「景気って何だろう？」とか、そういう身近で具体的な話から入った方が、「あ、景気悪いと就職しても失業しちゃうし、内定とれなくなっちゃうかも」ということで、学生はモチベーションがわきやすい。そういうリアリティを身体に染みこませてからの方が、経済学の理論というのは身につきやすいのかもしれないと思いますね。

松尾　経済学部の教員の間でも、学部生の授業をどうしようかって時に、最初は「新聞経済学」じゃないと関心を持ってもらえない、という話がよくありますよね。まず新聞記事になるような、具体的なトピックから入るべきだっていう。

井上　経済学部の学生でも、ミクロとかマクロの授業が一番つまんないって言うんですよね。たまにそれを「めっちゃ面白いじゃん！」って思う変態がいて、そういう変態が経済学者になっていくんですけど（笑）

飯田　でも、なんとなくミクロ・マクロを学部生とか、大人でもそうなんですけど、いきなり面白いと思える人はかなり変わった人だと思います。だから、独学で経済学を学んでみたい、と思ってミクロ・マクロから入ろうとすると、ほとんどの人が挫折してしまう。一見すると抽象的で、やけに難しそうな数式やグラフが出てくる経済理論のモデルが、現実のどんな問題に関わるものなのか、という具体的なイメージがないと、なかなか頭に入ってこないんじゃないかな。

松尾　それはミクロ・マクロにかかわらず、だいたいの経済学の基礎理論についても言えることじゃないかと思います。例えば、マルクス経済学の教科書とかもそうですよ。私の専門は理論経済学なので、前任校の大学ではいわゆるミクロ・マクロの理論も教えていましたけど、本来の研究対象は経済理論の中でも「数理マルクス経済学」と言われる分野で、今の大学の授業ではマルクス経済学の入門講義を担当しています。数理マルクス経済学は「数理」というくらいだから数式やグラフがたくさん出てくるんで、入門講義で出すのは躊躇しますけど、一般のマルクス経済学の教科書は数式やグラフはそれほど多くは出てこない。じゃあ、そっちはわかりやすいのかっていうと、マル経の教科書も、やけに難しそうな抽象概念が出てきて以下同文、みたいなところがありますし（笑）

井上　かく言う私も、やっぱり大学の学部時代は経済学にあんまり興味がなかったですからね。興味を持ったのは社会人になってからなんです。社会人になって働きだしてから、「やっぱ景気について考えるのは大事だな、デフレ不況から脱却できないとやばいんじゃないか」ということを身に染みて感じるようになって、そうやって、主に「景気」っていうものを通してマクロ経済学に興味を持つようになった。だからと言って、そこからミクロやマクロの理論をがっつりやろうと思うかどうかは人によって違うと思いますけど、私は結構マジにこれやってみようって思ったんです。26歳くらいの時ですけど、そこから変態性が開花して……。

一同　（笑）

井上　だからこの本のブックリストをみると、いわゆる経済学ど真ん中の本というよりも、わりとその手前のジャーナリスティックな本とか社会科学っぽい本も結構入っていますよね。やっぱり、そういうところから入った方がとっつきやすいんだろうと思います。

飯田　ブックガイドという体裁を通じて、まず各分野の専門家の間でどんな議論がされているのかっていうのを、具体的にみてもらうところからはじめよう、という風につくられています。

最初は手打ち野球からはじめよう

松尾　読んでみると、応用経済学の各分野で議論されていることが、なんとなくダイジェストでわかるようにもなっていますよね。応用経済学というのは、例えば「労働経済学」とか「環境経済学」みたいに、経済学を現実の様々な問題に応用したものですが、応用学問なので経済学だけでは完結しないんですよね。やっぱり、現実との関わりから様々な社会の問題に踏み込まざるをえなくなるので、話がより具体的になります。

飯田　だからこの本では、さっき井上さんも言った「景気」みたいな一番身近なトピックからはじめて、「格差・貧困」とか「雇用」とかの問題を経済学ではどう考えているのかということを、テーマ別に分けてそれぞれの専門家の先生方に書いてもらっています。ブックガイドがダイジェスト解説みたいになっているから、極端に言えば、実はほとんど読まなくてもこれ1冊で何十冊も読んだような気になれるというのも狙いのひとつです。

井上　でも、「わかった気になれる」というのはとっかかりとしては大事ですよね。そうしないと勉強しようと思っても続かないから。

飯田　そうそう。ただ、この本を読んだら、一番興味があるものだけでも、ぜひ実物を手にとって読んでほしい。選ばれている本も、リーダブルなものが多いですから。それで実物を読んだら、きっとその後は、やっぱりミクロとマクロもある程度は勉強しなくちゃいけないという風に思ってくれるんじゃないかな。それで、そういう経済の基本理論みたいなものは本の最後に紹介する、という形にしています。

松尾　要するに、普通の経済学部のカリキュラムとは入口と出口が逆になっているということですね。普通はミクロやマクロ、あるいはマルクス経済学だったらマル経の基礎理論からはじめて、それを現実の様々な問題に応用する、という順番で学びますから。

飯田　そうです。空手でも芸事でも「型」の習得は非常に重視されます。ミクロ・マクロって空手でいう「型」に近い性格がある。でも、どうしても「型」ってあんまり面白くないんですよね。やっぱり試合とか組手の方が面白いに決まってる。野球でも本気で上達したいなら素振りや走り込みのような基礎練習が絶対に重要でしょうが——例えば小学校2年生ではじめて野球に興味を持った子に、「下半身の強化と素振りだ!」って言ったら絶対に野球を嫌いになっちゃうと思うんですよ。でも、結構大学教員ってそれをやっているような気がして。

井上　私も日本の教育って基本的に千本ノックしかやっていないんじゃないかって気がしています。データをみてみると、大人になってからの知的好奇心というのは、日本は韓国と並んで主要国ビリレベルなんですよね。考えてみると、どちらも受験戦争が厳しい国。

だから、みんな勉強を「修行」としか思っていないんじゃないかな（笑）。ようやく修行から解放されて、社会に出たら出たで仕事が結構大変ですし、もう勉強なんかしたくなくなっちゃうんですよね。

他方で、スウェーデンとか北欧の人たちは大人になっても知的好奇心が高いんですよ。でも、日本も韓国も数学とか国語の読解能力は高いんです。おそらくこれは東アジア共通の等生みたいな。中国のデータは持ってないんですが、勉強嫌いなんだけど優「科挙」的なものなんですよね。伝統的に日本に科挙はなかったけど、明治時代の官僚の登用試験とかは、西洋近代を経由していますが、実態は科挙に近いんですよね。

飯田　やっぱり野球を楽しませるためには、はじめはゴムボールや三角ベースを使って、手打ち野球でもいいからやらせてみて、「なんか楽しいな」っていう感じをつかんでもらうのがいいと思うんですよね。あるいはプロ野球の試合を観戦して、「ああ楽しいな」って思ってもらうとか。テストとかに縛られていない限り、面白くなかったら絶対に続かないんですよ。そして見方さえわかれば、実は経済学というのはとっても面白いものなんです。

例えば、初心者がミクロやマクロの経済理論を勉強したいなら、ひとまずルイズ・アームストロング／ビル・バッソの絵本『レモンをお金にかえる法』を読むとよいかもしれない。いかにも経済学者が考えそうなストーリーです。ちなみに『レモンをお金にかえる法』がミクロ経済学の話、『続 レモンをお金にかえる法』がマクロ経済学です。あるいは、ヨラム・バウマンのマンガでわかる『この世で一番おもしろいミクロ経済学』『この世で一番おもしろいマクロ経済学』などもよいでしょう。

このくらいの本で仕入れた知識でとりあえず試合をみてみるといいと思います。「三回振ったらアウト」とか、「打った後は一塁に走る」とかそういう最低限のルールは一応覚えてもらわないと、試合をみてもわけがわかんないですしね。実際の試合を何個かみてもらって、「ああ、ちゃんと素振りしなきゃ」とか、そう思えた人はミクロ・マクロを勉強するっていうのがいい順番なんじゃないかなって。

「経済学的発想」と「反経済学的発想」の違い

松尾　飯田さんがおっしゃったみたいに、まず「身近な現実の問題がこんなにたくさんあるんだよ」っていうのを最初に示すというのは、つかみとしてはすごくいいと思います。だけど、基礎理論があんまりつまんなくて誰もろくに身についてないから、大学の応用各論の担当者はそれを前提にして、基礎理論を知らなくてもできるレベルの講義でお茶を濁したりするっていう現状もありますよね。今となっては、マルクス経済学の応用各論の人とかでも、実はたいてい『資本論』ろくに読んでないし、信じてもいなかったりするので、ますますそうなっているわけですけど（笑）。だから、最初にざっと応用っぽいことをやって試合を楽しんでもらうことは大事なんですけど、その後にきちんと基礎理論もやって、それをふまえてあらためて応用各論に戻ってくる、という順序が一番いいと思います。

飯田　それはおっしゃるとおりですね。

松尾　もちろん、この本の読者は経済学者を目指すわけではないから、がっちり基礎理論に取り組む必要まではないですけどね。ただ、この本を読んで経済学に興味を持った人は、最後の章で紹介されているような経済学の基礎理論にさわりだけでも触れてもらって、そこから「経済学的発想」みたいなものをつかんでほしいと思います。この「経済学的発想」というものがわかるようになる、というのが経済学を学ぶことの醍醐味でもありますから。

井上　「経済学的発想」というのはとても大事、というか実はものすごく面白いんですよね。

松尾　昔、自分の本（『対話でわかる：痛快明解 経済学史』）の中でも書いたことがあるんですけど、ぼくは世の中で経済問題を議論する時に、「経済学的発想」と「反経済学的発想」の2種類があると思っていて、経済学を学ぶということは、前者の思考パターンを身につけるということなんです。経済学素人の人が、一般教養として「経済学について学んでみよう」と思った時の着地点というのは、この経済学的発想を身につけるということであってほしいわけです。

例えば、世の中ではいまだに「誰かが得をしたら、その裏では必ず誰かが損をしている」という、いわゆる「ゼロサムゲーム」的な考え方が根強いですよね。

飯田　「中国が発展したからには、日本が衰退するはずである」とかね。

松尾　そうそう、世界経済の中で限られたパイを奪い合っているようなイメージで。ぼくはこういうのはとても反経済学的な発想だと思うんですけど、世の中ではとても多くみられる考え方です。なんか企業が各国ごとにまとまって、それぞれの国の武将として世界経済という戦場で戦っているみたいなノリで、「わが国はこういう産業が弱くなって、他国にやられているからダメだ！」とかさかんに議論が行われている（笑）

飯田　「日本にはAppleがないので、日本経済は衰退する一方だ！」みたいな話も多いですよね。日本経済というプレイヤーがトヨタや三井物産みたいな各企業を武将として、「信長の野望」や「三國志」のような、戦国ゲームを戦っているみたいな感覚なんですよね。国際経済についてそういう勝ち負け視点のイメージを持っているから、スター企業がいないと日本が弱くなる気がしちゃうんだと思うんですよね。

松尾　例えば、国際競争力なんて言っても、円安になれば輸出が増えて自然と高まるっていうこともあるわけで、「強い武将がいないと……」みたいな話は経済学的にはナンセンスなんですけど、世の中にあふれるカギカッコ付きの「経済論説」の多くは、そういう論理になっていることがとても多いんですよよ。

井上　経済学者ではない人が「経済学っぽい本」を書くとわりとすぐそうなりがちですよね。

松尾　こういう貿易戦争みたいな話って、実は本格的経済学誕生以前の「重商主義」の発想と根っ子が同じだと思うんですよね。重商主義というのは「一国全体が貿易を通じて貨幣としての金銀を儲けるのが国益である。そのために政府がいろいろな政策をとって自国経済を保護・管理しましょう」っていう考え方ですけども。そうやって国ごとに貨幣争奪戦争をして、貿易黒字をあげるために、なるべく賃金を抑えて競争力を身につけようというのが、重商主義の世界観でした。

でも、そういう発想を否定するところから「経済学の父」アダム・スミス以降の経済学ははじまったわけですよ。貿易というものは本来、自国に足りない（ないしは、自国で生産することが不効率な）ものが他国にあって、他国に足りないものが自国にあったら、お互いに交換し合うと、今まで不足していたものが消費できるようになって、Win-Winだっていうようなものじゃないですか。

飯田　そのとおりで、ミクロ経済学の学びはじめで重要なことっていうのは、「交換が双方向的である」ということを理解するということなんですよね。まず、取引が行われるってことは、双方が何らかのメリットを感じているからだよっていう。それで、ぼくは経済政策の授業をする時は、必ず「比較優位説」からやるようにしています。

読者のために説明しておくと、比較優位説というのはミクロ経済学の基本的な概念で、18世紀まで唱えられていた「絶対優位説」の反対の貿易の捉え方です。絶対優位というのはすごく単純な話で、ある財に対して生産性の高い国の方が多くを輸出できて貿易黒字になり、生産性の低い国がたくさん輸入することになって貿易赤字になる、という説。要するに、今風に言えば国際競争力ですね。

でも、これが変なのはちょっと考えてみればわかることです。例えばこの理屈に基づくと、あらゆる財に対して生産性の高い国は輸出ばかりしていて、生産性の低い国からは輸入しないことになってしまう。当然、現実にそんなことにはなっていません。

松尾　自力でつくるよりもコスト安だったら、自国よりも生産性が高いか低いか関係なく、外国から輸入しますからね。

飯田　そうなんです。絶対優位説が見逃しているのは、労働人口に代表される生産能力が有限だってことです。要するに、あらゆる産業について生産性が高いという国でも、何でもかんでも自分の国でつくるわけにはいかない。生産能力は有限だから、限られた生産能力をどこかにうまく配分しなくちゃいけない。そうすると、ある財に関しては自国でつくって、ある財に関しては他国につくってもらった方が、ずっと効率がいいという話になるわけです。

だから、比較優位というのは、例えば二つの国があったとして、A国がB国に対してあらゆる面で生産力が優っていたとしても、お互いに分業してつくったものを貿易取引した方が、実はどちらにとっても得な結果となるよ、という話なんですよね。

経済のよくある誤解と教養としての経済学

井上　私の場合は学部の授業をだいたい「パレート改善」の話からはじめています。パレート改善というのは、「誰も損をせずに誰かの効用（満足）が高まること」を指すんですけど。なお、パレート改善する余地のない状態を「パレート最適（パレート効率性）」と言います。

飯田　ぼくは冗談で「パレート改悪」って造語を勝手につくったことがあって、それは「相手の効用を下げるためだったら、自分の効用が下がっても構わない」っていう……。

松尾　世の中そんな足の引っ張り合いばっかりですけど（笑）。でも、経済学でいわゆる「競争市場の最適化メカニズム」と言われるものは、本来は「パレート改善」をもたらす取引という意味なんですよね。よくある誤解ですけど、競争と言っても「誰かのパイを奪って自分のものにする」という「食うか食われるかの生存競争」みたいなものとは意味が違います。

井上　市場経済というと強者が弱者を収奪しているようなイメージを持つかもしれないけれど、少なくとも主流派経済学ではそのように考えていない。市場で取引すると、売った方も買った方もよりハッピーになって、Win-Winになるというわけですね。

松尾　もちろん、だからと言って市場は万能だという話ではないので、放っておけばいつでも必ずパレート効率的な結果になるとは限りません。市場だって失敗しますし、パレート効率的な結果にもいろいろあって、完全競争市場がもたらすものがその中で最善だというわけではありません。「経済学的発想」と言うと市場万能主義のように受け止められてしまうかもしれないけれど、ぼくの言う「経済学的発想／反経済学的発想」というのは、そういうこととはぜんぜん別の話なんです。

例えば、ケインズは市場メカニズムの失敗を強調しますが、きちんとした経済学的発想に基づいて論理を展開しています。逆に「国際競争に後れをとらないために、『選択と集中』で今後成長が見込める産業に注中的に投資して、生産性の低い産業は淘汰しよう」みたいな考え方は親市場的ではありますけど、さっき言ったような意味で反経済学的発想です。

飯田　「比較優位」とか「パレート改善」みたいな概念を知っていると、さっきの貿易戦争みたいな話は変だなって気が付くと思うんですが、それを知らないとすぐにトンデモ経済論議に巻き込まれてしまう。だから、一般教養として、経済学的発想と反経済学的発想の違いがわかるようになるというのは、とても大事なことなんです。

そういう反経済学的な主張の典型に、「企業がもっとリストラしてシェイプアップすれば、日本経済は良くなる」っていうのもあります。「信長の野望」経済観にも近いですが、企業が強くなることと日本経済が好くなることはイコールではない。企業が強くなるとリストラされた人は企業から出ていっても日本経済からは出ていかないわけです。だから、日本全体としては単に失業者が増えて経済が悪化しているだけだということになります。

井上　そういう話を聞くと「リストラされた人を日本海に捨てんのかな?」って思ってしまいます（笑）。経営者の優れた人に政治家をやらせるとダメな場合が多いのは、そこなんですよね。

松尾　一企業としての最適な生き残り戦略は何かっていう話と、日本経済全体の話がごっちゃにされているんですよね。経営者というのは、自分の意志で企業を動かしているから、そういう人たちがマクロ経済について意見を言うと、だいたい間違えることになるわけです。企業と同じように経済全体も動かせる、と思ってしまいがちなんですけど、そもそも経済現象というのは、個々のプレーヤーが意図したこととは別の自律した法則によって動いているようなところがありますから、そこを間違えると大変なことになる。

飯田　「経済学的発想が大事」というのは本当に松尾さんのおっしゃるとおりで、ぼくも昔そう思って、「経済学の考え方を身につけると、いろんなものごとを合理的に判断できるようになるよ」という本（『思考の「型」を身につけよう』）を書いたことがあります。

実は昨日もあるところで言われたんですけど、世の中にGDPというものが嫌いな人って意外と多いんですよね。このGDPっていうのは「国内総生産」だから、国内でどれだけのものが生産されたのかっていうのを表す指標じゃないですか。それで、GDPは世の中を「生産」という一面からだけ捉えているからダメで「生産量だけで社会を捉える時代はもう終わった」みたいなことがよく語られているわけです。

井上 「くたばれGNP」っていう標語も昔ありましたしね（GNPは「国民総生産」でGDPに日本企業の海外での生産を足したもの）。

松尾 70年代くらいからずっと言われています。

飯田 でも、これは本文（「景気」の章）でも書いたことですけど、GDPというのは「その年に日本国内で生産された新たな価値（付加価値）」の総和なので、要するに国内の「粗利＝生産額－原材料費」のことなんですよね。だけど、この「粗利」というのは、実は最終的に国内の誰かの「所得」になっているものでもあるんですよ。つまり、GDPって「国内居住者の所得の和」でもあるんだから、これが大切じゃないわけがないんですけどね。

井上 そうそう。

飯田 GDPが所得のことだっていうのは忘れられがちなんですよね。直に所得から捉えるのは計測上一番難しいから、生産からとったり、支出（消費）から測ることが多いのもその原因かもしれません。それが、「総生産」という言葉にひっぱられてしまって、ＧＤＰについてさえわけのわからない評論がまかり通ってしまっている現状がある。

井上　一応、主流派経済学の内部でもＧＤＰという概念をもう少し検討しなおした方がいいという話自体はあるんですけどね。でもそれは、YouTubeみたいなあまりお金が動かないようなサービスが出てきてしまっているのをどう捉えるのかという話ですし。

松尾　今の井上さんの話とは別に、世の中にはＧＤＰだけでは捉えられないものはたくさんあるので、ノーベル経済学者のアマルティア・センなんかが開発に関わった「人間開発指数（ＨＤＩ）」という多元的な指標ができたりしたということもあります。この本（「格差・貧困」の章）の中でも紹介されていますけど。でも、別にＨＤＩはＧＤＰと対立しているようなものではありませんしね。

経済学は「使えるツール」

井上　一般の人が経済学について学ぶには、というところに話を戻すと、私は経済学の概念の中には、経済学を論じる以外にも役に立つものがたくさんあると思っているんですよね。さっきの「パレート改善」とか「ゼロサムゲーム」とかって言葉は、普通に経済学以外の議論をしている時でも、知っていたらすごい便利じゃないですか。そういう概念ツールを知らないせいで、例えば「それは合成の誤謬（ごびゅう）じゃん」って言っちゃえば済むようなことが、とてもまどろっこしい議論になっちゃう。「合成の誤謬」っていうのは、個々人が自分の利益を追求しても、社会全体では不利益がもたらされるような状況を表す経済学の用語ですけど。

松尾 合成の誤謬の典型的な例はデフレの長期持続とかですね。例えば、今の日本みたいに、何かのきっかけでいったん不景気になった後に、みんながみんな「この先もずっと不景気が続くに違いない」と予想するような状況ができてしまうと、先行きが不安だからなるべくお金を使わないようにするのが、個々の人たちにとっては合理的な判断じゃないですか。でも、全員がそうやって消費を控えるようになるといつまでたっても景気が持ち直さないから、ますます人はお金を使わないようになってしまう。それで、デフレのままで経済が均衡してしまうというね。

井上 それを解決できるのは、本当は政治（による市場への介入）だけなんですけど、企業経営の頭しかないとそういう政治の役割に気が付かない。財政・金融政策によって合成の誤謬を解消するというケインズ主義的な発想に至らない。

飯田 合成の誤謬で思い出したけど、オイルショックの時も、コロナウィルスの時も、お店でトイレットペーパーが売り切れたじゃないですか。でも、中部から関東地方で使われているトイレットペーパーを生産しているのは8割が静岡県なので、「ウィルスのせいで中国から輸入できなくなって」というストーリーには全く根拠がない。なのになぜ人はトイレットペーパーを求めてお店に並ぶのかと――この問いに対する、多分一番意味のない感想は「みんなバカだから並んでいる」です。でも、経済学者だったら絶対にそんなことは言わないはずで……。

井上　いや、すぐに「バカだから」とか言う人は、経済学者の中にもいるんじゃないですか？（笑）

飯田　そうそう。でも、それは経済学者が言っていても「経済学的発想」ではないですよね。経済学の発想の出発点は、「いやいや、自分以外の人がそんなバカなはずがない」「その人なりにまっとうな理由があるはずだ」というところからはじめて、一見不合理な現象の中にも何らかの合理性があるはずだと考える、というものだから。

例えば「トイレットペーパーが中国から輸入されている」というのがデマだとわかっている人でも、みんなが買いに走っている状況で、今買わないと明日からトイレットペーパーが手に入らなくなってしまうと困るから、結局「自分もちょっと予備を買っておこう」ってお店に並ぶのが合理的な戦略になるわけですよ。その結果、トイレットペーパーは本当に不足し続けてしまう。

松尾　みんなが並ぶ以上は自分も並ばないと損をしてしまうというね。

井上　それは「予言の自己成就」の話としても読み解けます。「予言の自己成就」というのは、言ったことが本当になっちゃうということです。経済の例で言うと、健全経営だったはずの銀行が、「破綻しそう」という噂が流れた瞬間にみんなが預金を引き出そうとして取り付け騒ぎが起こって、本当に破綻してしまうという話です。「トイレットペーパーが不足するぞ」って最初は嘘で言われたことでも、それは自己成就しちゃうんですよね。この理論をつくったロバート・K・マートンは社会学者なんですけど、その息子のロバート・C・マートンはノーベル経済学賞をとる経済学者になりました。

松尾　さっきも言ったけど、経済ってそういう風に人間の意図を離れた自律法則として動いているところがあるわけです。ぼくらみたいな経済学者だったら、それがどんな法則で動いていているのかなっていうのを、外側から観察・分析して見つけ出してくるのが仕事なんですけど、反経済学的な発想をしてしまうと、そういう経済現象を「誰かが意図して動かしている／誰かが意図して動かすことができる」って考えになってしまいがちで、どうも危なっかしいんですよね。

飯田　ジョージ・オーウェルのSF小説（『1984年』）に出てくる「ビッグブラザー」みたいなのが背後にいて、世界経済を動かしている、みたいな妄想ですね。

松尾　経済現象では、あたかも自然法則みたいな人為を離れた法則の結果として、なんかよくわからないけど整合的なことが起こるわけですよね。結果からみるとつじつまがあったようなことが起こって、そのもとで得をする人が出たり、損をする人が出たりする。そうすると、あまりにつじつまがあっているもんだから、どうも人は「そこで得をした人が意図的にそういう事態をもたらしている」って解釈をしがちなのかなと思います。

飯田　『陰謀の日本中世史』での呉座勇一さんの指摘もそこが核心ですね。陰謀論の特徴のひとつが「得をした人間がそう仕組んだに違いない」っていうストーリーなんです。例えば、「本能寺の変で一番得をしたのは豊臣秀吉だから、秀吉が黒幕に決まっている」っていうような考え方ですね。これは、推理小説を読み解く時の技法なんですよね。でも、本格ミステリでもだいたいそれはミスリード（導線）です。いまどき「動機が一番強いやつが犯人でした」ってミステリ書いたらタコ殴りにされます。

一同　（笑）

飯田　だから、人々が何かしらの統一的な意思によって動かされているというのは、あまり経済学的発想ではないんですよね。個々人のレベルでみると人はその人なりに合理的なインセンティブに動かされている。そのインセンティブが合成された結果どこに向かうか、というのが重要なんです。

井上　経済学のツールを知っていると、そういう単純な陰謀論みたいなものに足元をすくわれにくくなるというメリットもあるかもしれない。

松尾　これであなたも本格ミステリ読みになれる、みたいな（笑）

経済のフィードバックメカニズムを理解しよう

井上　経済学的発想ということで言うと、私は「マクロ経済学的な思考のパターン」っていうのがあるなって思っていまして、これは数式が読めるというような話とはぜんぜん関係がないものです。例えば、「お金は使ってもなくならない」っていうのは、経済学者にとっては自明のことですけど、多くの人にはちょっと理解しにくいことですよね。みんな、お金って使ったら消えてなくなるものだと思っちゃってる。でも、先のGDPは所得の話だってことにもつながりますけど、誰かの使ったお金は、実はめぐりめぐって別の誰かのお金になるわけです。これはすごく大事なことで、単に「金は天下の回りもの」っていうことなんですけどね。自分がお金を使うと誰かの所得になる。

飯田　マクロ経済学で重要なのはフィードバックがあることです。自分一人がお金を使っても自分が貧乏になるだけだけど、全員でお金を使うと景気が良くなって、なんかみんなでハッピーになる。こういうことが理解できるかどうか、というのがマクロ経済学の肝ですよね。

松尾　経済の自律的法則っていうのは、そういうフィードバックの結果起こることなんですよね。「合成の誤謬」のところでも例に出したデフレ不況の場合は、今飯田さんが言ったのとは逆のメカニズムによってもたらされます。つまり、自分だけお金を貯めていれば生き残れると思って全員でそうすると、なぜか景気が悪くなってみんなアンハッピーになるという。

井上　私は今の日本経済の大きな問題のひとつは、デフレ不況が長引きすぎて、デフレマインドが染みついて企業が思い切った投資をしなくなってしまったことにあると思っています。投資もしなければ賃金も上げずに、ひたすらお金を貯めこんでしまっている。これが20、30年かけて日本企業の体質として身についちゃった。ゆるやかなインフレ状態を10年は持続させないと、デフレマインドは払しょくできないでしょう。そうしない限り、日本経済も復活しません。

飯田　企業とかでもデフレ勝ち組だと、例えば外食チェーンとかファスト・ファッション店とか、デフレに適応することにめちゃくちゃな労力と投資をしているんですよね。でも、その結果としてその企業は儲かっても、社会全体の底上げにはつながらない。デフレの状態にあって、局所的に、そのひとつの企業だけをみると生き残りの戦略としてはものすごく合理的なんです。でも、全員でそれをやった結果、「誰にとっても合理的ではない社会」っていうのができてしまう。これは「全員がバカだから」とか「どこかに諸悪の根源がいる」とかそういうことではなくて、全員が必死こいて努力した結果、社会全体としてはどんどん悪い方向に向かっているという話なんです。

井上　まさに「合成の誤謬」ですね。

松尾　今の話につながると思うんですが、結局、「マクロ的な思考のパターン」ってどういうことかと言うと、ぼくの考えでは、「一般均衡的に思考する」ってことだと思うんです。マル経的に言えば「再生産」という見方と言い換えてもいいです。

経済学素人の人が「均衡」って言われてまずイメージするのは、だいたい需要と供給の曲線が一致するあのグラフですよね。ミクロ経済学で言うところの「マーシャリアン・クロス」っていうやつです。あれは「部分均衡」のモデルをグラフにしたものなんですけど、例えば紅茶なら紅茶の、世の中全体に出回っている紅茶の需給の均衡価格を表しています。

でも、市場均衡論って部分均衡の分析だけでは不十分なんですよね。紅茶が値上がりしたら、そのかわりにコーヒーの需要が増えてコーヒーの需要曲線が右側にシフトするかもしれないし、小麦の高騰などでパンが値上がりすれば、それに合わせてマーガリンの需要も減るかもしれない。そしてパンの需要が減れば、パンをつくっていた人が失業して労働移動が起こる。その結果、労働市場がどう変化するのかという問題も考えなければいけません。

こういう風に、各市場は一見独立しているようにみえても、実はお互いに影響し合っている。世の中には無数の商品の市場があって、普通のマクロ経済学では、おおざっぱには「財市場」「債券市場」「貨幣市場」「労働市場」という4種に分けるわけですが、この4つの市場も相互に影響し合っているんですよね。

飯田　お互いにフィードバックメカニズムを形成している。

松尾　そうそう。だから、一商品だけみていたのでは決してわからないようなフィードバック作用が必ずどこかにある、というのが経済の自律法則というものなんです。それで、それらの相互関係をみながら、市場全体の均衡というものを考える、というのがミクロ経済学やマクロ経済学で言うところの「一般均衡」です。

こういうフィードバックメカニズムの分析は、例えばマルクス経済学にもあって、さっきもちょっと言いましたけど、そちらでは「再生産」という風に呼んでいます。マルクス経済学の場合だと、だいたい2部門モデルになっているのですが、例えば、「再生産表式」では「生産手段」と「消費財」の2種類に生産部門を分けて、お互いが影響し合うメカニズムを考察します。また、本文のぼくの章（「経済学説史」）であげたマルクスの『賃金・価格・利潤』という本や『資本論』第2巻のある箇所では、経済を大きく「必需品部門」と「贅沢品部門」の2種類に分けてモデル化して、利潤と賃金の間の所得分配のあり方と、両部門間の生産配分が、互いに影響し合う表裏の関係になっていることを示しています。

いずれにしても重要なポイントになるのは、この「お互いに影響し合う表裏の関係」、つまりフィードバックメカニズムなんです。さっき井上さんが「お金は使ってもなくならない」というのがマクロ経済学的な思考パターンだって言いましたけど、誰かの消費は誰かの所得につながっているし、そうやって世の中を出回っているお金の量（マネーストック）が失業率に影響を与えたりもする。そういう相互作用のメカニズムを理解するってことが、経済学を本当に学ぶということだと思うんですよ。

飯田　ぼくの考えでは、マクロ経済の特徴というか、重要性というのは「モデルが閉じている（閉鎖系）」ということなんです。要するにシステムの「外部」がない状態でものを考えることの大切さというか、ひとつの財の需要供給の変化が別の財の需要供給の変化をもたらす、ということまで含みこんでシステム全体の相互作用を考えるっていうことです。

前の「企業がもっとリストラしてシェイプアップすれば、日本経済は良くなる」というのは間違いだという話にも関連しますけど、ひとつの企業の場合は、リストラすれば雇われていた人は企業の「外部」に出すことができる、つまり一企業というのは開放系のシステムだから、あとは気にしなくてもいい。でも、「外部」がない、モデルが閉じた状態っていうのは、リストラされた人も日本経済全体の中にとどまり続ける――小野善康（大阪大学名誉教授）先生の言葉を借りれば「国民をリストラすることはできない」って状況を考えるということなんです。

これは局所的には最適にみえることが、全体からすると最適じゃないかもしれない、あるいは部分均衡だけではなくて、一般均衡を考えなくてはいけない、という話とも重なることです。

「モデル思考」としての経済学

飯田　だから、松尾さんの言葉で言えば「経済学的発想」、ぼくの言葉で言えば「思考の型」ですが、そういうものがないと、人は合理的に考えた結果、すぐに不合理なことを行ってしまうものだということに、なかなか気が付かないんですよね。

井上　最初に飯田さんがミクロとマクロの理論は「空手の型」だっておっしゃっていましたけど、空手の型というのは練習するのはつまらないけれど、喧嘩が強くなるにはやっぱり必須のものですよね。いきなり喧嘩が強い人もいますけど、普通は型を身につけて、それを応用して戦うわけじゃないですか。ぼくはその型(パターン)を、多く身につけたもの勝ちだと思っていて、「金持ちになりたかったら思考のパターンを身につけろ」とかよく言ってるんですけど（笑）

松尾　経済学を理解するのと金持ちになるのとはちょっと違うけどね（笑）

井上　経済学は直接的にはお金儲けの役に立たないんだけど、一応「お金儲けのためになる」って言っておいた方が、みんな勉強してくれるじゃないですか（笑）。ただ、経済学者ではなくても、世の中の複雑な現象を単純なモデルにして、さらにブロックを組み替えるようにそのモデルを変形させて、「こうやって変形させると問題が解決します」っていうソリューションを提供できるっていうことは、学生でも、一般企業に勤めている人でもとても役に立つってことはたしかだと思います。コンサルティング会社なんかに勤めていっぱい稼いでいる人は、そういうモデリング能力に長けています。

松尾　経済学的に考える時のひとつの重要なキーというのは、たしかに「モデル思考」です。

井上　みんな、高校までの授業で「現実の複雑な社会を簡単なモデルにして抽象化する」っていう頭の使い方をしたことがないので、ミクロとかマクロとかをやると「何？　このわけのわからないものは？」って思っちゃう。数学ができるはずの人でも、一体なんのためにそれをやっているのかわからないと感じるみたいです。モデル化するという思考の訓練を、本当は高校くらいからやってほしいんですけどね。

松尾　ただ、今後の専門家がやる経済学の趨勢を考えると、徐々に経済学は「モデル思考」じゃなくなってきている、という側面もあるんですよね。最近ではデータサイエンス化がものすごく進んでいるから。ビッグデータとかの巨大な統計情報をコンピュータで処理すれば、モデルはいらないということにもなりはじめています。でも本当にそれでいいのかと言うと……。

井上　私は、経済学ってもともとは物理学を目指していたと思うんですよ。経済現象をゴリゴリに数理モデル化して、余計なものをどんどんそぎ落としていった。そして、そういう傾向への批判として、人間の感情とか不合理な行為とかも組み込もうという行動経済学なんかが出てきたんだと思います。言わば、心理学のマネをしていた。でも、最近のデータサイエンス化の様子をみていると、どうも今は医学のマネをしているんじゃないかという印象を持ちます。経済学も変わってきているんです。

最近、「ランダム化比較実験」というものに私も関わっているんですけど、母集団の中からランダムに人を抽出してきて、「介入グループ」と「比較グループ」とに分けるんです。医学だったら、例えば新しい薬品を投薬した人（介入グループ）としない人（比較グループ）とを比較して、「こっちは治ったけど、こっちは治っていない。じゃあこの薬品は有効でした」ってやるじゃないですか。要するにそれを経済学でもやろうという話なんですね。

例えば、お金をドーンと100万円もらった人ともらっていない人で、消費におけるふるまいとか、生活満足度がどれくらい違ってくるのかを比較調査する。たくさんデータをとって、統計的に分析するというやり方です。今までの数理モデルとは別のものが出てきた、という感じがしますね。

飯田　経済学がなんで物理学みたいな理論モデルをつくろうとしたのか。これは想像の域を出ませんが、データの量が不足していたからじゃないかと思っているんですよ。理論モデルがなんで必要かといったら、事前の理論がないと推計式が複雑になりすぎて推計できないからですよね。データが限定されているから、仕方がないのでモデルが必要である、ということだったんだと思います。

松尾　たしかに、そういう側面はありますよね。

飯田　例えば、消費の決定要因を考える時に、あらかじめ理論的に「消費は何と何の関数」であるという風に絞り込んでおかないとデータ検証ができない。理論モデルがあると事前情報で推計式の形を絞り込めるので便利です。

　そうすると、逆に「無限にデータがあるんだったら、理論いらなくね？」って話にもなりますよね。もちろん、そうなるのはずっと先のことだし、完全なデータなんてないからやっぱり理論モデルは必要なんですが、比重がものすごく変わってくると思います。少なくとも、いわゆる「DSGE（動学的確率的一般均衡）モデル」がはまった罠みたいな、もはやモデルのためのモデルとすら言えるような、あんな微に入り細に入りのモデルをくみ上げる必要はなくなっていくんではないでしょうか。

井上　実際主流派経済学も結構いい加減なんですよね。物理学をマネると実際の人間のふるまいとかもかなり無視することになってしまう。

飯田　それを正当化してきたのは、「データプアなのでそれくらいまで理論を厳密化しないと推計に堪えません」っていう話だったわけです。でも、データが豊富になってくると、厳密なモデルがなくても推計できるからいいということになる。

　とはいえ、一方で「IS－LM」（ジョン・ヒックスがケインズの理論から引き出した一般均衡のモデル）くらいのざっくりとしたモデルはないと推計のアタリもつけられないので、これからは理論をより精緻な物理学にしていくってよりは、「ゆるめのモデル＋データサイエンス」で足りない部分を相互補完するみたいな方向性になってくるんじゃないかなと思っています。

根底にあるのは思考力とイマジネーション

井上　ただ、理論モデルという話とは少し違いますけど、いくらデータがあってもやっぱり思考力はないとダメだなって思う時があるんですよね。例えば、先日新聞を読んでいたら「ＡＩを導入した企業が雇用を増やしているので、ＡＩが人の仕事を奪うことはないであろう」という論説が載っていました。

Amazonのレコメンデーション（本などのおすすめ）は一種のＡＩですし、たしかにAmazonなんかは雇用を増やしてはいると思うんですよ。でも、その裏では、実はAmazonはそれ以外の会社の雇用を減らしてもいるわけです。そういうのは、ちょっとした思考力とかイマジネーションがないと気が付かないと思います。

やっぱりデータ分析だけしていると、一面だけ切り取った局所的な分析で終わってしまう可能性があるので、間違った方向に行ってしまう場合もある。データ分析だけすごく得意な人が、マクロ的な経済政策で大局的な良い方針を示せるのかっていうと、かなり的外れな方向に行っちゃう可能性もある。

飯田　たしかに、さっきお話ししたマクロ経済のフィードバックモデル、もう少し厳密に言うならば一般均衡であることは思考の型としての経済学の大きな特徴であり、素晴らしいところなんじゃないかと思うんです。局所的に合理的にみえることが、別のところでは思ってもみない効果をもたらすかもしれないという点に独力でたどり着く人もいるでしょうが、それを経済学は一種の型として教えてくれる。

これからはデータサイエンス化が進んでいく一方で、一般均衡的であること、つまり「モデルが閉じていること」の重要性がますます上がっていくんじゃないかと思います。ビッグデータをＡＩで解析という究理の方法も重要ですが、それよりもっと荒削りなものであっても「フィードバックを十分に考えているんですよ、外がないんですよ」っていうモデルには大きな利点があるでしょう。この先、経済学と経営学との違いがいつまでも残るとしたら、そこじゃないかなと。

松尾　そのとおりだと思います。経済学を勉強して何がいいんですか？　どんなことが経済学を使うってことなんですか？　っていうと、やっぱり素人でもある程度学んでみれば大枠がわかるような、非常に単純なモデルというのがいくつかあって、それを使って一般均衡的（あるいは再生産論的）に考えられるってことなんじゃないかなと思います。さっき飯田さんが言った「ゆるめのモデル」というのは、そういうことじゃないですか。

飯田　はい。経済学の方も、むしろデータサイエンスに助けられることで、これからはもっとイマジネーションを働かせた新モデルが出てくるようになるといいな、と思います。

井上　だから、経済学な思考ができる人っていうのは、数学ができるってこともそんなに関係ないし、頭の回転の速さともそれほどは関係ないんじゃないかな。

（2020年3月6日）

BOOK GUIDE
&
SUMMARY

必読書88

ジャンル別
要点まとめ

「景気」の読み方

飯田泰之

「景気」の基本を学ぶ前に

「景気」の入門書探しは意外と難しい

少なからぬ人にとって経済に関する最大の関心事は「景気」ではないでしょうか。景気の良し悪しは私たちの生活に直結する問題ですから、それももっともな話です。しかし、そう思って書店に足を運んでも、「景気」そのものの解説をしている本は意外と見つかりません。というのも、何を以て景気と呼ぶのかについて、実務家・研究者、ビジネスの現場それぞれで微妙なずれがあり、「これ」という定番書が存在しないという業界事情があります。

一般的には、景気が良くなったり悪くなったりを繰り返すことを景気循環と呼びます（⇒■景気循環学会他〈編〉『ゼミナール：景気循環入門』）。皆さんも高校の教科書などで「キチンサイクル」や「ジュグラーサイクル」という単語を目にしたことがあるかもしれません。これは在庫変動や設備投資などの原因で、3年や10年などの周期で好不況が繰り返されるという説ですが、現代の経済学や金融・投資業界ではあまり重視されなくなっています。むしろ、ある程度一定の周期で好況と不況が繰り返されるという意味での「循環」は存在しないと考える専門家の方が多い状況です。

なぜ少なからぬ経済学者が「景気循環は存在しない」と考えるのでしょう。ここでは一種の背理法で説明してみましょう。仮に経済に「2年景気が良く、2年景気が悪い」という固定的な循環が存在したとします。一般的には好況期には株価・地価などの資産価格は高く、不況期には低くなるでしょう。これを受けて投資家は不況期に資産を購入し、好況期に売却するようになります。その結果、買いが先行する不況期の資産価格は高まり、好況期のそれは低下する。このように、仮に固定的な循環があったならば、その波は人々の投機・投資活動によって平準化されてしまうのです。生産についても企業は原材料費・人件費が高騰する好況期を避けるようになるため、同様に固定的な景気循環は存在できません。こうして、事前に予想できる景気の循環は存在し得ないというわけです。

一方で、現実に経済の状態に良い（好況・好景気）、悪い（不況・不景気）があることは間違いありません。経済に関する直観的な感覚を整理して議論するためには、まずは関連用語の定義を理解することから始める必要があります。

そもそも好景気・不景気って何？

話を簡単にするために、例えば「経済状態」という抽象的なデータがあると仮定します。このような都合の良いデータは直接的には存在しませんが、まずは「景気」の大雑把なイメージを把握することから始めましょう。経済状態が上向いている時、景気は拡大期にあると表現されます。一方で、経済状態の低下が続く期間を景気の後退期と呼びます。

この拡大／後退という表現は経済の方向性のみに関する記述である点に注意しましょう。例えば、バブル崩壊やリーマン・ショック後のように大幅な経済収縮の後に経済状態の改善が続いたとしても、それを好景気と呼ぶ人はいません。好景気・不景気は「方向性」ではなく、経済状態の「水準」に関する表現なのです（⇒📖岩田規久男『景気ってなんだろう』）。

経済状態がある一定の水準を上回って活性化しているのが好景気です。では、この「ある一定の水準」とはなんでしょう。しばしば用いられるのが過去の平均的な状態を基準とする方法です。日本国内の生産設備や労働力が過去10年間の平均的な稼働率で活用された時の経済水準をもとめ、現状がそれを上回っているのが好景気・下回る状態が不景気というわけです。

経済状態に関する包括的な指標としてはＧＤＰ（国内総生産）が代表的です。ある年の日本のＧＤＰはその年に日本国内で生産された新たな価値（＝粗利＝生産額－原材料費）の総額です。ここで重要なのは、新たに生まれた粗利は必ず「誰かのもの」になるということです。その意味で、ＧＤＰは国内で生まれた所得総額でもあります。ちなみに、ＧＤＰに海外からの所得の受け取りを足し、支払いを除くとＧＮＩ（国民総所得）となります。

ＧＤＰは生産であり所得でもあるという都合の良い性質を持っています。ならば、このＧＤＰの方向性と水準から景気を判断すれば良いと思われるかもしれません。しかし、それには大きな問題があります。速報性がないのです。ＧＤＰは四半期（3ヶ月）単位で作成されます。例えば、日本では、２０２０年４‐６月期のＧＤＰの一次速報値が発表されるのは7月の半ばです。すると、4月の時点で景気の局面に変化があったとしても、ＧＤＰによってそれを把握するまでに最短でも3ヶ月かかります。これでは足元の景気判断の指標にはできません。

そのため、多くの企業・機関で景気判断は速報性の高い指標・統計を組み合わせることで行われます。その代表が内閣府から毎月発表される景気動向指数です。景気動向指数は、実際の経済の変化に先だって変化が現れる傾向がある指標をまとめた先行指数、景況と同時に変化する一致指数、景況を後追いするように変化する遅行指数に分けられます。例えば先行指数は鉱工業生産や卸売販売額といった9つの指標から作成されています。

これらの複数の指標を合成する伝統的な手法が、複数の指標のうち改善しているものの割合を（百分率で）表すＤＩ（Diffusion Index）です。一致指数を例にとると、9つの指標のうち6つが改善しているという場合、その月の景気動向一致指数ＤＩは約67（≒〔6÷9〕×100）となります。

一方で、ＤＩの手法では大幅改善とごく控えめな改善を区別していないため経済状態の変化の強弱に関する情報が全く得られません。そこで、近年ではＣＩ（Composite Index）が用いられることが多くなっています。ＣＩの作成の詳細は後半に紹介する書籍に譲りますが、極端な数値を取り除きながら各指標の変化率を合成することで作成されるＣＩによって、景気変動の大きさや強弱を判断することが多くなっています（⇒📕高安雄一『やってみよう景気判断』）。

景気はなぜ変化するのか

伝統的には、景気（サイクル）は各時点での政策や国際環境などのショックによる短期の変動で、長期の経済成長（トレンド）は経済体制やその国の潜在的な成長力によって決定される――と両者を分離して理解するのが一般的でした。現在でも、「短期的な好不況にとらわれることなく、潜在的な成長トレンドを高める改革が必要である」といった形で暗黙裏に両者を区別する発言を見かけます。

まずは伝統的な景気理解から説明しましょう。財政・金融政策や海外経済の活況などにより景気の拡大が始まると、設備の稼働率の上昇や失業率の低下が発生します。こうして企業利益や労働者の所得が増加すると、さらに投資や消費が拡大することから景気の拡大はより確実なものになります。しかし、景気の拡大によって設備や労働がフル稼働している状態（天井）に達すると、もうそれ以上の生産活動を行うことはできません。やがて需要に対して供給能力が追い付かない状況になると、資材価格や人件費が高騰します。これらのコスト高により企業利益が圧迫されることで、次第に設備投資や住居・オフィスの新築などが抑制されるようになります。これが景気拡大から後退への転換点となるのです。

企業利益の減少は株価などの資産価格の低下を招きます。資産価格の低下によって企業の財務内容が悪化すると投資資金の調達が困難になり投資が減少します。景気後退期に入ると、拡大期とは逆に企業利益や所得の低下に伴う投資・消費の停滞が生じるため経済の収縮が始まるのです。ここで経済政策や国外の条件に変化がない場合、景気の後退・縮小を終わらせるのは消費・投資の下限（床）――生活に直結する消費や企業活動を維持するために削ることのできない設備更新などの需要です。これ以上需要の減退が進まなくなることで、景気は後退から拡大への転換点を迎えるわけです。

このような整理に従うならば、景気の問題はあくまで経済状態の「天井」と「床」の間の動きに関する短期的なものであり、より長期的な経済成長のためにはその天井と床そのものを引き上げていくことが必要だという理解になります。「短期的な問題としての景気に対しては財政政策や金融政策による対応が必要だが、あくまでその場しのぎであり、より本質的な経済政策は長期的に供給能力を伸ばしていくような規制改革や民間活力により新技術の開発を促進する制度の構築だ」といういわゆる構造改革本質論の根拠は、このような伝統的な成長と景気の理解から導かれます。

好景気が経済成長をつくる

ただし、このようなサイクルとトレンドの分割には大きな問題点があります。第一が時間視野の問題です。景気の良し悪しは短期的な問題だとして、その短期とはいったい何年くらいの期間を指すのでしょう。バブル崩壊以降の日本経済は「失われた10年」――むしろ、近年では「失われた30年」と呼ばれることさえあります。30年は短期なのでしょうか？　景気が理論的には短期的な現象だとしても、それを生きる人間にとっては非常に長い、真剣に対策を検討すべき重大な課題であるというケースも少なくないでしょう（⇒ 小野善康『不況のメカニズム』）。「長期的には、われわれはみな死んでしまう」（J・M・ケインズ『貨幣改革論』）のです。

さらに、短期の積み重ねが長期であるという視点も忘れてはなりません。不況期には企業は積極的な投資を手控えます。足元で利益が減少している時に、長期的な視野に立った研究開発投資や人材育成に注力することは、ほとんどの企業にとって難しいでしょう。研究開発投資の停滞や人材育成戦略の不在は将来の財・サービスをつくる力、いわば経済の潜在能力を低下させることになります。短期的なショックによって減少した投資が、長期的な経済停滞の原因になり得るのです。このようにショック自体は一時的であっても、その影響が長期的・恒久的に影響を与え続ける現象は履歴効果（ヒステレシス）と呼ばれます。

履歴効果が発現するのは、負のショックに対してばかりではありません。好景気によって人手が不足すると、企業側はそれによる賃金の上昇や人手確保の困難に対応するため省力化投資を行います。人手不足が新技術の採用・定着を後押しするわけです。好景気が経済の潜在能力を押し上げることでさらに経済成長を加速していく現象は高圧経済論（ハイプレッシャーエコノミー）と呼ばれます。また、技術的な理由だけではなく、好景気の下で活性化する労働者の自発的転職が、労働配置の適材適所につながることで生産性を向上させるといった効果も考えられるでしょう。

このように考えると、財政政策や金融政策による景気のテコ入れは短期的でその場しのぎの対応であると言うことはできないことがわかるでしょう。また、需要の拡大が新技術の導入といった供給の拡大に結びついていくためには、新技術導入や転職といった供給側の変化がスムーズに行われるよう制度設計を進めていく必要があります。ここにおいて、需要側の政策と規制改革や業界内慣習の見直しといった構造改革の両者を完全に切り離すことはできないことも理解しやすくなるのではないでしょうか。

一方で、近年では景気と経済成長に対する大きな論争点が登場しています。それが「長期停滞をどう捉えるか」という問題です（⇒■福田慎一『21世紀の長期停滞論』）。近年の先進国においては、一般的な景気判断のルールに従うと好景気と判断される状況が続く一方で、その成長率は芳しいものではありません。これを緊縮的な財政政策や不十分な金融緩和といった経済政策運営による一種の履歴効果の長期化とみるのか、資本主義経済が新たな局面――経済成長なき世界に突入したとみるのかが新たな論争点となりつつあります。

かつては日本経済の特殊性という文脈で捉えられがちであった長期停滞問題が、世界の先進各国共通の大きな課題となりつつある現在（⇒■L・サマーズ他『景気の回復が感じられないのはなぜか』）、古典的な景気循環理解、景気判断の基礎知識を踏まえた上で、これからの経済論争を観察していく必要があるのではないでしょうか。

BOOK

1

景気ってなんだろう

岩田規久男（ちくまプリマー新書、2008年）

景気に興味を持つきっかけは、投資などの判断に役に立てたいというビジネス上の関心、景気対策のために必要な施策を考える政策上の関心のいずれかであることが多いでしょう。また、景気を説明するに当たっては、景気動向指数などの経済指標の解説か、その理論的な背景の説明のいずれかに重点を置くことになります。関心の方向性、説明の重点双方について、本書ではバランスのとれた解説が加えられています。

トレンドとサイクルに関する伝統的な区別に従うと、景気変動は主に需要の変化によってもたらされることになります。理論的には需要は消費・投資・政府支出・海外需要に分類されることが多いのですが、この中で過去の日本の景気において大きな役割を果たしてきたのは投資と海外需要でした。

本書では、景気そのものに関するごく基礎的な知識の解説から始まり、在庫投資・設備投資・海外の景気からの影響へと奇をてらわない順序で説明が進んでいきます。

ちなみに、在庫投資というと耳慣れない単語かもしれません。将来の販売に備えて前もって商品を生産・仕入れしておくこと（意図的な在庫投資）や売れ残りによって在庫が増えること（意図せざる在庫投資）は比較的短期の経済変動の有力な説明要因です。

そして、景気変動の主役と言ってよい設備投資はどこから決まるのか。将来の日本経済（輸出企業ならば海外経済）への予想、金利動向、設備価格などが考えられます。また、90年代末以降国内景気と海外景気の連動性が高まっている点にも注意が必要です。これまでは米国の需要のみが関心事であった海外要因ですが、中国経済の動向やアジア全域に広がるサプライチェーンへの注意も欠かせなくなってきています。

さらに、景気変動そのものの解説にとどまらず、「なぜ景気は私たちにとって重要な問題なのか」を解説している点も本書の特徴です。「会社は儲けているのにお父さんの賃金が上がらないのはなぜ」なのでしょう。企業利益と賃金の関係は「会社は儲かっているのにけしからん」といった感情的な議論に陥りがちですが、その良し悪しはともかく、現実に生じている現象には理由があるのです。人手不足圧力がない中では賃上げが行われないからこそ、長期の安定的な景気拡大が必要なのです。

著者は後に日本銀行副総裁として、現在に連なる金融政策の大転換の立案・遂行を行うことになります。本書は政策提言の書ではありませんが、財政政策・金融政策の基本的機能を知る上でも役立てることができるでしょう。なお、付録である「イワタ流景気動向指数」は、民間のエコノミストなどの間でも根強い人気がある景気予想ツールですので、知っておいて損のない情報だと思います。

BOOK

2

やってみよう景気判断：指標でよみとく日本経済

高安雄一（学文社、２０１６年）

経済指標に関する一般向け解説を頼まれた際、どの指標をどこまでの細かさで紹介するのかは大きな悩みの種です。読者・聞き手の興味によって重要な指標は全く異なるため、その選択も迷いどころになるでしょう。本書は、あえて対象を内閣府が毎月公表する「月例経済報告」に掲載されている指標に絞っています。もっとも、本書は「月例経済報告」のマニュアル本ではありません。様々な指標から日本経済の現状についての判断を導くという「月例経済報告」の作成作業を、限定的なものではありますが、追体験していくことで経済指標の意味・読み方・活用法を学ぶという体裁になっています。

報道等では経済指標を前年同月比で示すことが多いのですが、この方法は景気の変化・転換を知るためにはあまり適切とは言えません。12ヶ月前との比較で改善・悪化をみることになるため、局面の変化に気づくのが遅くなるのです。このような利用目的に応じたデータの見方から始まり、本書では経済指標の主な加工・観察方法といった基礎を説明した上で個別指標の解説を行います。

また、消費ひとつとってみても、唯一絶対の指標があるわけではありません。その推移を示す指標がいくつも存在することには注意が必要です。さらに、各指標には調査対象や作成方法による独自のクセがあるため、その性質を知らずにひとつの指標だけに判断を引きずられてしまわないように気をつけなければなりません。

消費の動向を調べるに当たっては、需要側（どれだけ買ったか）・供給側（どれだけ売ったか）のふたつのアプローチがあり得ます。

需要側からの調査の代表が『家計調査』による「1世帯当たり消費支出」です。「家計調査」は「ゆでうどん」や「ポロシャツ」といった極めて細かな分類について詳細な調査が行われているという利点がある一方で、約8000世帯へのアンケート調査であることから短期的にはブレが大きくなるという欠点があります。一方で、供給側統計としては「商業動態統計調査」での小売業の販売額や業界団体が発表する販売額などが用いられます。しかし、小売業販売額ではサービスの消費を捉えることができません。また、業界統計ではインターネット販売などの把握が困難であるという欠点があります。需要側と供給側の指標を総合して作成される「消費総合指数」が注目されることが多い消費統計ですが、時にその元データである指標にも着目することで得られる情報は少なくありません。

鉱工業生産から輸出入、金融に至る8つの分野について、総合的な指数からやや細かな指標まで丁寧な説明が行われており、経済指標を利用することがあるならば、手元に置いて辞書的に活用することもできる一冊です。

BOOK

3

21世紀の長期停滞論：日本の「実感なき景気回復」を探る

福田慎一（平凡社新書、2018年）

リーマンショック後、10年にわたって続いたアメリカの景気拡大や2013年末以降の日本における継続的な景気回復はともに雇用を改善し、株価や地価といった資産価格を上昇させるといった影響がありました。これを受けて企業利益は大きく増大しています。これは日米のみの現象ではありません。通常であれば、5年以上景気の拡大が続けば、それはまさに歴史に残る好景気のはず。しかし、2013年から2018年にかけての日本経済は「景気拡大局面」ではありますが、それを「好景気」と表現する人はほとんどいないでしょう。

近年の先進国では、景気拡大局面においても、本来の実力より低い経済活動水準・低インフレ・低金利が長期間持続するという現象が観察されます。伝統的な景気理解であれば、政策的な低金利が消費・投資を刺激することで景気が拡大し、いずれは好景気に到達するはずです。そのため、現在の先進国における景気低迷は従来の好景気・不景気とは異なる現象であるという解釈も増加しています。それらの議論は「長期停滞論」と総称されます。

本書では、米国などでの長期停滞論を紹介した上で、主に日本経済に関してその処方箋が提言されます。長期停滞の原因については様々な主張があるものの、直接の原因としては貯蓄の過剰に求める議論が多くなっています。貯蓄の過剰（投資の不足）が起きる原因としては、人口減少や技術革新の停滞といった仮説が有力です。

金利がゼロの状況でも「貯蓄＞投資」であるということは自然利子率（貯蓄と投資、需要と供給能力が一致する利子率）がマイナスだということです。通常の金融政策は利子率をこの自然利子率に一致させるように行われます。しかし、現実の利子率を大幅にマイナスにすることはできません。自然利子率がマイナスになるのは一時的で、将来のいずれかの時点ではプラスに戻ると考えるならば、現在の量的・質的金融緩和のように、将来の金融緩和・低金利にコミットするという処方箋が導かれます。将来時点で十分な金融緩和が行われるという期待に働きかけることで景気の改善を図るわけです。

一方、（追加的な政策なしでは）半永久的に自然利子率がマイナスの状況が続く状況を想定すべきであるという議論も有力になっています。このような場合、第1の処方箋は財政支出の拡大です。マイナスの自然利子率が続く中では国債金利も低位に安定するため、財政支出のコストは非常に小さくなります。これに対して、自然利子率がマイナスになる状況そのものを解消するための構造改革や将来不安による貯蓄を減らすために財政再建を進めるべきだという議論もあります。本書は比較的後者の立場からの提言が行われます。

これからの「不況」は「これまでも経験してきた不況の特にひどいヤツ」なのか、「別種の新たな現象」なのかは今後の経済論戦においても主戦場となることでしょう。

BOOK 4

ゼミナール：景気循環入門

景気循環学会・金森久雄〈編〉（東洋経済新報社）

一線級のビジネスエコノミスト、官庁エコノミスト、研究者が参加した網羅的な景気循環の教科書です。日本における景気循環の歴史や伝統的な理論モデルが整理されているため、経済学者や評論家の発言がどのような歴史・理論を念頭に置いたものなのか理解できます。なかでもバブル期とその崩壊による長期停滞の歴史的経過は、景気を考える上では必ず押さえておきたいところ。惜しむらくは発行が2002年であるという点。その後の日本での景気動向やグローバル化、さらには経済指標の改定などに対応したものではありませんが、今もなお古典的な価値ある一冊であり、改訂新版の出版が待たれる本です。

BOOK 5

《ウォールストリート・ジャーナル式》経済指標：読み方のルール

S・コンスタブル／R・E・ライト（かんき出版、2012年）

Book2は日本国内の経済指標にターゲットを絞り込んでいるため、海外経済を捉える指標への言及が少なくなっています。本書では世界経済を考えるための50の指標について、その意味をごく簡潔に解説しています。米国内における主要な経済指標の名前は投資家にとって必須の知識でしょう。また、いわゆる定番の指標だけではなく、空売り残高や小口投資家動向などプロ好みの指標にまで言及されているところが特徴です。例えば、海上輸送運賃を表すバルチック海運指数から、世界的な原材料需要の強さを読み、景気の先行きを予想するといった思考から学ぶことも多いと思われます。

BOOK 6

経済財政白書

内閣府、各年

(https://www5.cao.go.jp/keizai3/keizaiwp/index.html)

現代日本の経済を語る際に、今もなお「経済財政白書」は欠くことができない一冊です。ただし、あくまで「白書」ですから読み物としてはいまいちです。さらに、政府が出版しているものなので完全に中立的というわけにもいきません。そこで、ここでは白書の賢い利用法を紹介しましょう。まず、無料で入手できる電子版を開いたら図表目次に飛んでください。後は興味がありそうなタイトルの図表を眺め、わからない単語があったらネットで検索する。これを繰り返していると自然と日本経済とデータに関する知識がはぐくまれます。興味のある分野だけでもちょっと試してみてください。

BOOK 7

不況のメカニズム：ケインズ『一般理論』から新たな「不況動学」へ

小野善康(中公新書、2007年)

不況が定常状態(外的なショックなしでは自律的に回復しない安定的な状態)となる理由について、オリジナリティーの高いモデルを構築したのが小野善康です。長期停滞という言葉に誰も注目していなかった1992年に発表された小野モデルは、人々の貨幣への欲望――何に使うわけでもないが貨幣を手元に置いておきたいという欲求が長期経済停滞を導くことを示します。この説明の論理はバブルの発生とデフレ不況を同じ論理から導くことができる点で非常に魅力的です。同書はその一般向け解説でもあります。人口や技術進歩の停滞なしでも生じる長期停滞という視点は、現在注目されている長期停滞論に新たな光を与えます。

BOOK 8

景気の回復が感じられないのはなぜか：長期停滞論争

L・サマーズ／B・バーナンキ他（世界思想社、2019年）

超一流経済学者による長期停滞論争をまとめた本です。講演やブログ記事が元になっているため、通常は専門論文で行われる高度な論争を身近に感じることができます。現在の停滞を伝統的な不況の特殊ケースと捉えるバーナンキと別種の問題として捉えるサマーズの論争を軸に、クルーグマンによる裁定を経て、これから必要とされる経済政策が語られます。実は、長期停滞論には元ネタがあります。それが1938年にアルヴィン・ハンセンが発表した「経済の発展と人口増加の鈍化」という論文です。本書ではその抄訳が掲載されていますが、世界大恐慌時と現在の共通点が少なくないことにも気づくことができるでしょう。

BOOK 9

アベノミクスの真価

原田泰・増島稔〈編著〉（中央経済社、2018年）

日本国内における長期停滞論への言及は、ともすると、「停滞宿命論」や「政策無効論」に結びつきかねない危険性を秘めています（Book8を読めば、それが完全な誤解であることがわかるのですが……）。本書は、金融政策の変化が実体経済に与えた影響について、多方面からデータによる検証を加えています。直接的に長期停滞論争に言及する本ではありませんが、現在の経済停滞を「従来型不況の特別に大規模で長期的なもの」と捉えた上で、今後の必要な対策を考えているという性格を有しています。ビジネスエコノミストを中心に編まれた本なので、実務家のデータ活用術入門として読むのも一興でしょう。

働く人のための
「雇用」の経済学

北條雅一

「雇用」と就職、そして教育格差を考える

私たちはなぜ「働く」のか？

本書を手にされた方のうちの多くは、今現在仕事に就いているか、過去には仕事に就いていた方が多いのではないかと思います。また、学生さんであれば、大学や専門学校等の学校に通いながら、アルバイトやパートとして働いている方も多いでしょう。

日本では、義務教育を修了した15歳以上の人口を労働可能人口と呼びます。また、就業意思のある人口を労働力人口と呼び、現在就業中の人と完全失業者を足し合わせて算出します。最新の統計資料（総務省統計局「労働力調査」）によれば、2019年の労働可能人口は1億1092万人であり、そのうちの6886万人が労働力人口としてカウントされています。労働可能人口に占める労働力人口の割合を労働力率と呼びます。右の数字をもとに計算すると、2019年の日本の労働力率は62・1％となります。すなわち、15歳以上の人のおよそ62％が就業意思を持っているということになります。

このように多くの人が「働く」のは、どのような理由によるのでしょうか。人々が働く理由

は様々考えられますが、最も大きな理由は「生きていくために必要だから」というものでしょう。裕福な家で莫大な金融資産があるとか、超高額の宝くじに当選したとかであれば話は別ですが、一般的な人であれば皆、働いてお金を稼ぎ、稼いだお金の範囲内で日々の生活を送ることになります。近年は人々の平均寿命も延びていますので、働いて稼いだお金の一部を貯蓄や資産運用に回し、老後の生活に備えるといった必要もあるでしょう。

現代社会では多くの人々が生活のために働いているわけですが、その働き方はそれぞれ異なっています。まず大きく分ければ、企業に雇われて働く人（＝雇用者）と、個人事業主や自営業主として働く人がいます。日本では雇用者の割合は労働者のおよそ9割です。次に、雇用者の中には、正社員としてフルタイムで働いている人と、パートやアルバイト、派遣社員、契約社員などの非正規社員として働いている人がいます。役員を除く雇用者の内訳は、正規の職員・従業員が３５０３万人、非正規の職員・従業員が２１６５万人であり、正規の職員・従業員の割合はおよそ58％となっています。

さて、生活のために働いてお金を稼ぐ必要があるとして、ではどのぐらい働くか、という問題があります。たくさん働いてたくさん稼ぐ、少しだけ働いて少しだけ稼ぐ、あるいはその中間、といった働き方が考えられるわけですが、標準的な経済学の理論では、人々は「働いた時の収入と費用の差が最大になるように労働時間を決定する」と考えられています（⇒■安藤至大『これだけは知っておきたい働き方の教科書』）。

ここで言う「働いた時の費用」とは、働くことに伴って発生する疲労や苦痛、および金銭的な負担（例えば、子どもを預けて働く場合の保育料）だけではありません。働いている間は他のことをすることができないため、もし働いていなかったらとれたであろう行動をとることができなくなります。その行動から得られたであろう便益も「働いた時の費用」に含まれます。これは経済学で機会費用と呼ばれるものです。

日本の「雇用」の仕組み

ただし、現実の世界においては、人々は自由に労働時間を決められるわけではありません。先に触れたように、日本で雇われて働く場合、正規雇用と非正規雇用のふたつの雇用形態に分けられます。正規雇用とは、次の3つの条件をすべて満たす雇用であると考えられています。（1）無期雇用＝雇用契約に期間の定めがない、（2）直接雇用＝雇用者は使用者（勤め先）の指示に従って働く、（3）フルタイム雇用＝その職場で定められた標準的な労働時間の勤務を行う。したがって非正規雇用とは、これら3つの条件のうちのいずれかを満たさない雇用形態ということになります。つまり、正規雇用として働くことを選んだ場合、基本的にはフルタイムの長時間勤務しか選択肢はないのです。すると労働者が自身の労働時間を比較的自由に決められるのは非正規雇用として働く場合に限られる、ということになります。

さて、日本で正社員として働く場合を考えましょう。大企業を中心とした多くの企業では、高校生や大学生を対象に採用活動を行い、新卒者を新入社員として「入社」させます。晴れて「入社」した新入社員は、一定の研修を経たのちに社内の部署に配属され、先輩や上司の指導を受けながら仕事を覚えていきます。ある程度の規模の企業であれば、新入社員は数年後には別の部署に異動し、場合によっては昇進しながら様々な仕事を経験し、社内でキャリアを重ねていくことになるでしょう。

こうした日本企業の正社員を特徴づける最大の要因は、「人」と「仕事」の結びつけ方にあります。欧米諸国では、企業内に存在する「仕事（ジョブ）」を明確にし、それぞれの「仕事」に「人」を当てはめるのに対し（＝ジョブ型）、日本企業では「人」と「仕事」の結びつきを企業側が自由に変えられる仕組み（＝メンバーシップ型）になっています。数年ごとに配属先が変わり、担当する仕事の中身も変わるというような日本の正社員の働き方は、日本特有の「人」と「仕事」の結びつけ方によるものだと言えます（⇓濱口桂一郎『若者と労働』『働く女子の運命』）。

日本企業の正社員の「メンバーシップ型」という在り方の特徴がはっきり反映されるのが賃金の決め方です。ジョブ型の欧米諸国では、基本的にそれぞれの「仕事」について、その仕事を担当する「人」への対価が賃金として定められることになります。一方で日本では、それぞれの「仕事」ごとにそれを担当する「人」の賃金を定めることはできません。なぜなら、その「仕事」を担当する「人」は人事異動によって変わりうるからです。もし日本の正社員の賃金が「仕事」ごとに決まっていたとしたら、賃金の低い「仕事」に異動させられた正社員はたまったものではありません。到底受け入れられないでしょう。したがって日本企業では、賃金は「仕事」ではなく「人」を基準に決定することになります。勤続年数に応じて給料が上昇する年功賃金はその最たる例です。

日本企業の正社員は定年までの無期雇用、すなわち長期雇用を前提に働いており、正社員の賃金は勤続年数とともに上昇する年功賃金となっています。年功賃金のもとでは、労働者の生産性（＝企業への貢献分）と賃金が各時点で釣り合わないということが生じますが、労働者の生産性と賃金が各時点で釣り合っていなくても、採用から定年までの長期間で釣り合っていれば、企業も労働者も損をすることはありません。企業は長期雇用によって人手を確保することができ、労働者は安定した見通しのもと人生を設計することができます。また、将来賃金が上がるまで会社に残るために従業員がまじめに働く、という効果も期待できます。

年功賃金には「生活給」という側面もあります。若い時期はそれほどお金が必要ではありませんから、それに見合った給料を支払います。やがて従業員が結婚して家族を形成する時期になると若いころ以上のお金が必要になり、子どもが成長すると教育費も多額になるため、それに見合った給料を支払う、という考え方です。従業員の必要度に応じた賃金を支払う仕組み、と言えるかもしれません。

「雇用」と深く関わっている「教育」

さて、少子高齢化に伴って労働力人口の減少が予測される現在の日本では、持続的な経済成長を実現するために労働者1人当たりの生産性を高めることが不可欠であると考えられています。また、人工知能（ＡＩ）などの急速な技術革新によって、今ある仕事の一部は消滅し、雇用や賃金が二極化することも予測されています。こうした中で、みてきたような「雇用」をめぐる環境や雇用者に求められるものも、大きな変化に直面しています。例えば、生産性の向上や技術進歩への対応には人的資本がますます重要な役割を果たすと考えられています。

人的資本とは、生産活動に寄与する労働者の知識や技能、経験や熟練、能力などを総称したものです。人的資本は人々の所得稼得能力を左右し、技術進歩や経済成長をもたらすと考えられています。人的資本は人生を通じて蓄積されますが、その初期に当たるのが学校教育です。各国の政府は、就学前教育から大学まで多くの資源を投入していますが、それは、学校教育を通じた人々の人的資本への「投資」がやがて大きな収益を生むと考えているからです。

私たち個人レベルで考えましょう。私たちはなぜ教育を受けるのでしょうか。人々が教育を受ける理由の中で、経済学が重視するのは「人々は将来の収益を期待して教育を受ける」というものです（⇒■中室牧子『「学力」の経済学』）。「高卒で就職するより大学を卒業した方が有利だから」といった理由は、将来の収益を期待して進学していることになります。高卒者と大卒者では生涯賃金に数千万円の差があると言われていますが、厳密にいくらくらいの生涯賃金差になるかについては実は検証が難しく、今も研究が進められています。

しかし、将来の収益を期待して進学しようとしても、実際には、教育を受けるためには多額の資金が必要です。親が裕福であれば心配はいらないかもしれませんが、そうでない場合は大変です。近年では奨学金制度も充実してきましたが、学費も高騰しており、卒業時に多額の借金を抱える可能性があります。また、仮に卒業できたとしても、抱えた借金に見合うだけの企業に入社できる保証はありません。そうであれば、無理して進学せず、さっさと就職してしまったほうが良い、という考え方も出てきます。

統計データを丁寧に観察すると、今も昔も、日本社会は国際的に見て平均的な格差社会であることがわかります。親が大卒であれば、その子どもも大卒者になる確率が高まります。大卒の親は、高卒者に比べて質の高い子育てをするからです。また、都市部に居住している人の方が大学進学率は高まります。こうした傾向は、程度の差はありますが、今に始まったことではなく、戦後の時期からずっとそうだったことが知られています（⇒■松岡亮二『教育格差』）。

このような現状を踏まえると、「教育は格差を再生産する装置である」と言われても仕方がないようにも思えます。なぜ教育が格差再生産装置になってしまうのでしょうか。その裏側には、教育費を誰が負担するかという問題があります（⇒■中澤渉『日本の公教育』）。人々の教育水準が高まることによって国全体の経済成長が期待されるのであれば、政府が教育費を負担すべきということになります。しかしながら、国際比較をすると、日本では教育費の負担について「本人・家族が負担すべき」と考える人が多いのです。

なぜそう考える人が多いのかははっきりしませんが、可能性として考えられるのは、年功賃金を支える生活給思想です。子どもの教育費負担が高まる時期にはそれに見合った給料が支払われている（はずだ）、という生活給思想が、「教育費は本人・家族が負担すべき」という日本人の価値観の裏側に潜んでいると考えられるのです。

しかし、実際には生活給で教育費負担に見合った給料をもらっている人は、今も昔も大企業や官公庁に勤める一部の労働者に限られています。さらに近年では、非正規雇用の労働者が増加していますが、非正規雇用の賃金に生活給は考慮されません。雇用環境が変化する中で、教育格差の問題はますます重要になっていると言えるでしょう。

BOOK

10

これだけは知っておきたい 働き方の教科書

安藤至大（ちくま新書、2015年）

私たちが生きている現在の日本社会は、人口の高齢化と少子化が進行する中で、人口の年齢構成が大きく偏っていくことが予想されています。平均寿命は男女ともに80歳を超え、人生100年時代を見据えた議論も始まっています。一方で世界に目を転じれば、ヒト・モノ・カネ・情報が国境を越えてグローバルに移動する時代にあって、人工知能（AI）をはじめとする技術革新が急速に進んでおり、数十年後には今ある仕事のうちの一部は消滅し、雇用や所得の二極化が進むのではないかとも言われています。

私たちを取り巻く環境は日々変化していますが、何か特別に恵まれた立場や環境に置かれている人を別とすれば、一般的な人は働いてお金を稼ぎ、稼いだお金の範囲内で日々の生活をやりくりする、という日常生活を送っていると思いますし、今後もそうした生活を続けていくことでしょう。今は学生の方も、近い将来には同じように労働者として働く生活を送ることになるはずです。本文でも触れたように、日本では15歳以上の就業可能人口の6割以上が就業の意志を持っています。

日本で働いてお金を稼ぐ、という生活はほとんどの日本人が経験するものであり、そこに特段の疑問を持つ人は少ないかもしれません。学校を卒業したら社会人として働くのが当たり前、親も先輩も同級生もみんなそうしている、そういうものかもしれません。しかしながら、少し落ち着いて考えてみるとどうでしょう。なぜ働いている人の大部分は企業に雇われて働いているのか、なぜ正規雇用と非正規雇用に分かれているのか、そして大企業と中小企業で働き方は異なるのか、なぜブラック企業はなくならないのか、など。なんとなくわかっているようでわかっていない、そういう疑問がわいてくるのではないでしょうか。

本書は、こうした疑問に経済学と法制度の観点から答えるものです。タイトルは「働き方の教科書」となっていますが、「こういう働き方がベスト」というようないわゆる指南本ではありません。日本で働く人の「働き方」について、その背後にある構造を経済学と法律のふたつの視点から平易に解き明かしてくれます。先に挙げた素朴な疑問についても明快な解説がなされています。

また本書は、「働き方の未来」についても解説しています。日本では近い将来、若者の割合が減り、高齢者の割合が増大します。総人口は減少し、生産年齢人口（15歳から64歳）も減少していきます。この先、外国人労働者の受け入れが急速に進む可能性があります。ＡＩ技術の進展により、人間の仕事が失われることも予想されています。著者はこうした変化の方向を冷静に見据えながら、私たちの働き方の現在と未来について考えています。

BOOK

11

若者と労働：「入社」の仕組みから解きほぐす

濱口桂一郎（中公新書ラクレ、2013年）

私は大学4年生の時、民間企業への就職を目指して「就活」をしました。今からみれば、就職氷河期の真っただ中だったということがわかりますが、当時は自分が氷河に囲まれているなどとは思いもせず、もがき苦しんで勝ち取った一社からの内定通知に心から安堵したことを思い出します。結局、大学院に進学することになって内定を辞退したのは今でも心残りです。

昔話はさておき、日本では高校生も大学生も、在学中から就職活動を行い、卒業後すぐに内定先に「入社」するというパターンが一般的です。現在では大学1年生から就活を始める学生もいるぐらいです。このような「新卒一括採用」の仕組みは日本企業に特有のものであり、日本型雇用システムのエッセンスが凝縮されていると言うことができます。本書は、日本型雇用システムの「入口」である「入社」の仕組みがどのように形成されたのかということについて、わかりやすくかつ詳細に解説するものです。

日本的雇用慣行、という言葉を聞いたことがある方も多いと思います。これは日本の大企業の雇用慣行を、終身雇用、年功序列、企業別組合という「三種の神器」によって説明するものであり、今でも広く浸透している考え方です。これに対し著者は、これら「三種の神器」を生み出す背後には、「人」と「仕事」の結びつけ方（雇用管理）に日本特有の特徴があることを指摘し、それを「メンバーシップ型」と呼んでいます。一方で欧米型の雇用管理を「ジョブ型」と呼び、日本の若者の「入社」の仕組みを「メンバーシップ型」の雇用管理の観点から明快に解き明かしています。また、就職氷河期やブラック企業などの若者雇用問題についても、同じように「メンバーシップ型」の雇用管理の観点から理解できることが示されています。

ふたつの雇用管理の型の違いについては本書を読んでいただくとして、日本の「メンバーシップ型」がどのようなものであるか、簡単に確認しておきましょう。私は大学に勤めて15年ほどになりますが、近年では、おおむね3年生の後期から就職活動が本格化し、学生たちの会話も就活の話題が多くなってきます。そして4年生の前期が始まり、学生たちが報告に来るようになります。「○○から内定もらいました」「おめでとう、よかったね。で、何の仕事をするの？」「まだ配属は決まってないです」といった感じで。学生たちは懸命に「就職」活動を勝ち抜いて内定を獲得するわけですが、その内定はあくまでその企業のメンバーとして「入社」する約束であり、入社後にどこでどのような「職務」をするのかについては、全く決まっていないのです。

「日本型雇用慣行の崩壊」が取り沙汰される昨今でも、こうした日本特有の雇用システムは根強く残っており、日本人の働き方を左右しています。この国で働く幅広い人々、とりわけ就職活動を控えた学生さんには必読の書と言えるでしょう。

BOOK

12

教育格差：階層・地域・学歴

松岡亮二（ちくま新書、2019年）

日本が格差社会であるという認識が広まったのは、2000年前後の時期だと考えられています。それまでは、日本は高度経済成長によって「一億総中流社会」を実現した、という認識が一般的でした。バブル崩壊以降、日本経済の低迷が長く続く中で、平等な日本社会という幻想が崩壊した、と言えるでしょう。経済学者の研究によれば、所得格差の拡大は1980年代からすでに始まっていたことが確認されており、それが社会的に広く認識されたのが2000年前後の時期であった、と理解することができます。

380ページ以上もある本書は、私が読んだ新書本の中で最も厚いものです。著者は気鋭の教育社会学者であり、国際的な学術誌に論文を多数発表しています。その著者が、最新のデータを縦横無尽に駆使して、戦後日本の教育格差について熱く詳細に解説しているのが本書です。少し長くなりますが、著者の「前口上」（p. 15）を引用したいと思います。

「人には無限の可能性がある。／私はそう信じているし、一人ひとりが限りある時間の中で、どんな『生まれ』であってもあらゆる選択肢を現実的に検討できる機会があればよいと思う。なぜ、そのように考えるのか。それは、この社会に、出身家庭と地域という本人にはどうしようもない初期条件（生まれ）によって教育機会の格差があるからだ。この機会の多寡は最終学歴に繋がり、それは収入・職業・健康など様々な格差の基盤となる。つまり、20代前半でほぼ確定する学歴で、その後の人生が大きく制約される現実が日本にはあるのだ」

本書では、幼児教育、小学校、中学校、高校、の各段階で観察される格差を鮮やかに描き出します。そして、日本社会が国際的にみて「凡庸な教育格差社会」であること、すなわち、平均的な教育格差社会であることを示します。親世代の教育格差が社会経済的地位（SES）の格差を生み、それが子世代・孫世代の教育格差・SES格差として温存・蓄積されてゆく。この連鎖によって、教育格差社会である日本社会が形成されてきたのです。著者は「締め口上」（p.321）で次のようにも述べています。

「この書籍に手を伸ばす人たちも学生を含む大卒者が多いだろう。格差の現実を知って、自分の家族や身近な人たちに便益をもたらすかもしれない。（中略）私は教育格差を発信することで、格差の再生産を強化していることになるのだ。私の両手も他者の血で赤く染まっている」

本文で触れたように、教育格差社会の形成には、日本的雇用慣行のひとつである年功賃金と生活給思想が関連していると考えられます。年功賃金制度のもとで従業員の必要度に応じた賃金が支払われている、という生活給思想は、「子どもの教育費は本人や家族で負担するべきものである」という日本人の価値観を形成し、結果として本書で繰り返し指摘される「出身家庭」という初期条件の影響を大きくしてしまうのです。

BOOK 13

法と経済で読みとく雇用の世界 新版：これからの雇用政策を考える

大内伸哉・川口大司（有斐閣、2014年）

本書は、労働法の研究者と労働経済学の研究者による共著です。労働法と労働経済学は、労働という同一のものを研究対象としていますが、その考え方には違いがあります。中でも「自由」と「規制」に対する考え方の隔たりは大きいと言わざるを得ません。経済学は伝統的に自由な取引を重視していますが、法学は法律、まさにルールや規制といった自由を制限するものを研究しているからです。こうした隔たりを乗り越えて書かれたのが本書です。幅広いテーマについて丁寧に解説されていますので、雇用問題に興味を持つ方は得るところが多いでしょう。挿入されているストーリーも面白く、続きが気になります。

BOOK 14

働く女子の運命

濱口桂一郎（文春新書、2015年）

本書は、著者が「メンバーシップ型」と呼ぶ日本特有の雇用システムが、日本の女性の働き方にどのような影響をもたらしてきたかを解説するものです。戦前から振り返り、日本の女性がどのような形で働いてきたのか、現代の日本で女性が活躍できない原因はどこにあるのか、などの論点が詳細にわかりやすく解き明かされています。今後、急速な人口減少が予測される日本社会では、女性の労働市場での活躍が不可欠であることは論をまちません。女性労働に関する書籍は数多く出版されていますが、本書は、日頃から働きづらさを感じている女性の方だけでなく、男性にもぜひ読んでもらいたい一冊です。

BOOK
15

「学力」の経済学

中室牧子（ディスカヴァー・トゥエンティワン、2015年）

本書は、近年急速に進展している教育に関する科学的研究の成果を、平易に紹介している書籍です。教育という分野は、一個人の経験や信念に基づいた議論が横行しやすい分野であると言われていますが、本書では科学的な研究成果が幅広く紹介され、そうした客観的な根拠＝エビデンスに基づいて教育を議論することの重要性が説かれています。子育ての指南本ではありませんので、子育てに悩む親御さん向けとは必ずしも言えませんが、学校教育に携わる人や、教育政策の立案に関わる人には必読の書です。また、「教育経済学」という研究分野の最先端の研究についても理解の糸口となるでしょう。

BOOK
16

日本の公教育：学力・コスト・民主主義

中澤渉（中公新書、2018年）

公教育とは、公的な制度に則って提供され、広く一般国民が受けることのできる学校教育のことであり、公立学校だけでなく私立学校も含まれるものです。本書は、近代的な学校制度の発達から、現代の公教育が抱える問題点まで幅広く解説することを通して、公教育の経済的側面や社会的役割を解き明かしています。本書の議論は、特定のテーマについて白黒つけるようなものではありません。また、歴史、思想、データ分析など内容が多岐にわたるため、読みこなすには一般教養レベルの社会科学の知識が必要となりますが、教育の社会的・経済的役割を多角的な視点から本格的に学ぶことができます。

「貧困・格差」問題への道案内

小田巻友子

「貧困・格差」問題とどのように向き合うか

貧困の定義は難しい

貧困とはどのような状況を指すのでしょうか。「三食ご飯を食べられない」「住む場所がない」となると誰しも貧窮の度合いが高いと感じます。しかし、「新品の衣服を購入できない」「金銭的な理由で大学への進学をあきらめる」「体調が悪いけど病院に行けない」「昼夜問わず働かないと生活が苦しい」と言うと、人によってその状況を貧困であるか貧困でないか判断するのは意見が分かれるところでしょう。

このように、何を基準にどのようにして貧困を定義するかは常に議論の的となります。経済学でしばしば用いられる貧困の定義は「絶対的貧困」と「相対的貧困」です。絶対的貧困は必要最低限の生活水準が満たされていない状態を指し、主として発展途上国の貧困を分析する際に用いられます。絶対的貧困線は生存に必要な最低摂取カロリーを満たす食費、および食費以外に最低限必要な生活費の合計額で測られます。最も有名な絶対的貧困線である世界銀行の設定する国際的貧困線は、1日1・9ドルとされています。しかしながら、日々の生活の必需品は時代や社会の発展度合い、慣習により異なります。そのため、絶対的貧困線の水準も国によって異なります。例えば、アメリカの公式の貧困率には絶対的貧困線が用いられており、2018年の基準で子ども2人の4人世帯の場合、年間2万5465ドル（1人当たり1日17ドル）と、最貧国よりも高い水準にあります。

一方、日本の政府統計で公表される貧困率の定義には、相対的貧困が用いられます。相対的貧困とは、社会の大多数よりも貧しい状態であることを指しています。そして、この「貧しい状態」であるとみなされるのは、平均的な所得金額の半分に満たない所得の人です。相対的貧困率は、収入から税金などを差し引いた全世帯の可処分所得を1人当たりに換算して低い順に並べ、中央の額の半分に満たない人の割合で測られます。

日本の相対的貧困率は、総務省の「全国消費実態調査」と厚生労働省の「国民生活基礎調査」により測られ、公表されています。厚生労働省によると、2015年時点の日本の相対的貧困率は15・7%です。世帯別にみると、ひとり親世帯の貧困率が高いことがわかります。多くの先進国が自国の貧困率の計測に相対的貧困率を用いていますが、日本を含むOECDでは貧困線を中央値の50%で引くのに対し、EUでは中央値の60%として算出しています。当然後者の方が貧困率は高くなります。

日本では相対的貧困率を用いるからといって、日本に絶対的貧困が存在しないわけではありません。生活保護を止められて、あるいは公的なサポートにつなげることができずに餓死して

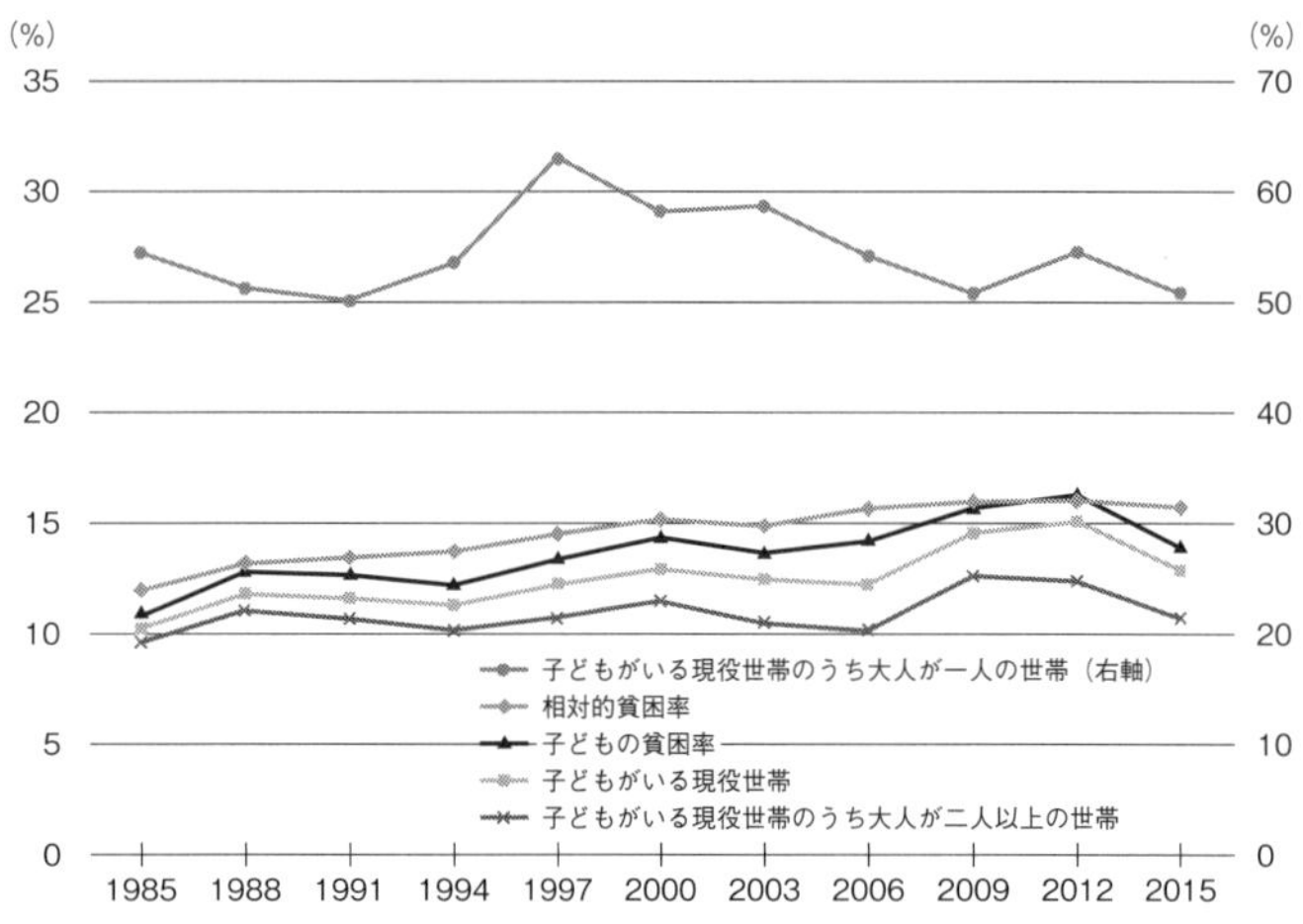

日本の相対的貧困率（「平成29年度版：厚生労働白書」より筆者作成）

しまう事件が２０００年代に入っても度々起こっています。私たちは貧困を単に統計数値で追うだけでなく、その実態をしっかりと把握する必要があります（⇒■湯浅誠『反貧困』）。

潜在能力アプローチから読み解く貧困

所得分配の不平等や貧困と飢餓に関する研究への貢献が評価されて１９９８年にノーベル経済学賞を受賞したアマルティア・センの提唱する潜在能力(ケイパビリティ)アプローチは、貧困・格差を学ぶ人にとって最早欠かすことのできない概念です。貧困とは、基本的な潜在能力の欠如だとセンは主張します。「潜在能力（capability）」とは、センが提唱するある人の選択の機会としての自由を表現する概念です。人がモノやサービスをどれだけ享受できるのかは所得・富・価格といった経済的条件によって決まります。しかしモノやサービスを使ってその人が価値を認める様々なことを行うことができるかは、その人の先天的・後天的に与えられる特徴や環境の影響によって大きく異なります。例えば、先天的な身体障害によって歩けない人が通学するには車いすが必要ですが、そもそも車いすの乗り入れが可能な公共交通機関や学校施設が整備されていなければ、「基本的な教育を受ける」という機会を達成することはできません。

センによれば、潜在能力とは、モノやサービスを利用して実現される機能のすべての組み合わせとして定義されます。ここでいう「機能（functioning）」とは、ある人物が実際に「何かをする、何かである」ということであり、潜在能力とは、可能性として「何かができる、何かであることができる」ということです。つまり、その人物に実際に開かれている「選択の範囲」のことを表しています。潜在能力の理解で重要なのは、その人が何を選択したかではなく、その人がたとえその選択をしなくとも、どれだけの生き方の選択肢に恵まれているかを考えようという視点です（⇒■蓼沼宏一『幸せのための経済学』）。

潜在能力アプローチは『人間開発報告書』で公表される人間開発指数（ＨＤＩ）にも応用されています。ＨＤＩは多次元的な経済指標であり、各国の人間開発の達成度を長寿、知識、人間らしい生活水準の3つの分野について0～1の数値で表します。1に近いほど個人の選択の範囲が広く、人間開発が進んでいると考えます。国の豊かさを測る指標としては、しばしば国民総所得（GNI）や国内総生産（GDP）が用いられていますが、これらは一国の所得がどれだけあるかを示しても、その所得がどのように分配され、国民の健康や教育に寄与しているのかという具体的な人間の生活については語りません。HDIをはじめとする多次元的な指標は、開発援助に際して、発展途上国の人々が置かれている状況に即し、実際にどのような援助が必要とされるかの検討材料を提示することができます（⇒📕A・V・バナジー／E・デュフロ『貧乏人の経済学』）。

貧困・格差の発見と広がり

前近代では、社会の秩序のために格差は必要、あるいは社会の秩序が保たれる限りにおいて貧困は脅威ではないと考えられていました。そのため、政府は貧困削減において直接の役割を果たさず、為政者や民間による慈善行為や仲間内での助け合いがその役割を担ってきました。やがて16～18世紀になると、資本主義体制成立の過程で土地を追われた農民たちが都市部に滞留し、貧困者や浮浪者が増加します。こうした事態に対応するために一国の法制度として貧困救済にのりだしたのが、1601年にイギリスで導入されたエリザベス救貧法です。しかし、その内容は施設への強制収容や労働を強いる点で、貧困者にとって厳しいものでした。その後の産業革命期においても民間・公共の支援は低い水準にとどまったため、依然として貧しい人々の生活に大きな変化はありませんでした。

19世紀に入ると、カール・マルクスの『資本論』に代表されるように貧困の原因は資本主義それ自体だとする社会主義と労働運動も巻き起こり、19世紀半ばには、貧困は社会経済要因によって引き起こされるという認識が高まりました。チャールズ・ブースやB・S・ラウントリーらによる貧困実態についての社会調査も始まります。20世紀を代表する経済学者であるJ・M・ケインズは、格差が経済発展を妨げることを主張しました。

20世紀になると、戦間期から初期の社会政策が形作られるようになり、戦後は先進諸国を中心に福祉国家体制が確立していきます。2013年に発刊され、世界的なベストセラーとなったトマ・ピケティの『21世紀の資本』でも言及されているように、歴史上格差縮小の契機となったのは技術革新ではなく、戦争による富の大規模な破壊でした。こうして戦後は一時的に格差の縮小がみられましたが、1980年代には各国において再び格差の広がりが確認されるようになっています。

このような社会における格差の広がりを示す指標としては、ジニ係数が挙げられます。格差の度合いを0~1の数値で表し、格差が大きいほど1に近づくというものです。ジニ係数は所得を「当初所得」か「再分配所得」で測るかによって数値が異なります。当初所得は、所得から税金や社会保険料を引く前の所得です。一方で再分配所得は当初所得から税金と社会保険料を引き、年金などの現金給付と医療などの現物給付といった各種社会保障給付を加えて算出します。後者からは、その社会の再分配制度が十分に機能しているかどうかがわかります。

日本の所得再分配調査によると、当初所得および再分配所得でみたジニ係数が1980年代から拡大傾向にあり、格差の拡大が観察されています（⇒■橘木俊詔『格差社会』）。もうひとつ、近年指摘されているのは格差の固定化です。例えば、格差・階級論の代表的な日本の研究者である橋本健二氏は、父親の所属階級が子に引き継がれる「階級の閉鎖性」が再び高まってきていることを指摘しています（⇒■橋本健二『〈格差〉と〈階級〉の戦後史』）。現代において、階級社会が再び到来してきているのです。

解決策はあるのか

経済学において発展途上国の貧困問題の解決策を扱う領域は開発経済学であり、福祉国家体制の確立した先進諸国の貧困問題の解決策を議論するのは社会政策です。社会政策は、市場がうまく働かない領域において、市民の生活と労働の福祉向上を図るために行われる政府の介入の方法です。現行制度の枠内でどのような政策オプションが用意されているのかは、後述して紹介する書籍に譲りましょう（⇒■阿部彩『子どもの貧困Ⅱ』）。

一方で格差や貧困に対応する全く新しい制度構想として注目を浴びているのが、ベーシックインカム（BI）です（⇒■山森亮『ベーシック・インカム入門』）。BIとは、政府などの何らかの中央機関が、全ての個人に無条件で毎月一定額のお金を配るという現金給付の仕組みです。日本の生活保護制度のように現行の所得保障制度の多くは世帯単位ですが、BIは個人単位での給付となるのが特徴のひとつです。また、就労要件や資力調査を伴わず、赤ちゃんからお年寄りまで全ての人に無条件に給付されます。何人かのＢＩ提唱者は、このシンプルな仕組みこそが現行制度の維持や資力調査にかかる費用を削減させ、ＢＩの導入を可能にすると唱えます。

通常、政策は受益集団と非受益集団の間で評価が分かれますが、ＢＩは左派からも右派からも貧乏人からも豊かな経営者からも賛同も批判の声もあがる珍しい政策です。現在様々な地域や国で実証試験や議論が進められています。救貧法時代から今なお続く、「本人が怠惰だから貧困になったのだ」「貧困者の救済は労働供給を減退させる」といった根拠のない言説から抜け出し、科学的な根拠に基づいて貧困や格差について議論する必要があります。

BOOK

17

反貧困：「すべり台社会」からの脱出

湯浅誠（岩波新書、2008年）

著者は社会活動家として長らくDV被害者やネットカフェ難民などを含む広義のホームレス問題に関わってきました。その著者からみて、現在の日本はうっかり足をすべらせたらすぐさまどん底の生活にまで転げおちてしまう「すべり台社会」になっているとされます。雇用、社会保険、そして最後のセーフティーネットと呼ばれる生活保護制度にも穴が空き、これまでは就労して自分で稼ぎ暮らしているものと考えられていた若年世帯や一般世帯にも、貧困が広がっているのです。

第一部では、ある夫婦の生い立ちと暮らしが紹介されます。親の事故や失職、病死により子ども時代から生活に困窮し十分な教育機会を得られずに大人になり、たとえ劣悪な労働条件だとわかっていようとも、住まいや一定期間の生活の見通しが立たなければ手を挙げざる得ない環境がそこにはあります。子ども時代の不運が人生を通して継続し、這い上がろうにもそれを支える社会の仕組みがないことを指摘しています。

このような事例に対して必ず出てくるのが「なぜもっと頑張らないのか」といった声です。著者はこうした日本社会に巣くう「自己責任論」に異を唱えます。著者はセンの「潜在能力」

を「溜め」と独自に言い換えます。そして、当面のお金があるか、何かあった時に頼れる人間関係を築けているか、自尊心を持つなど精神的に安定しているかといった「溜め」があるかないかで、同じリスクに直面した場合でも深刻度が変わると述べます。そして自己責任論とは「他の選択肢を等しく選べた」という前提で成り立つものであり、他の選択肢を等しく選べないという意味で総合的に「溜め」を奪われた／失った状態を貧困と捉えるならば、貧困問題に対して自己責任論を適用することはできないと主張します。

第2部は人々が貧困問題にどのように立ち向かっているかのレポートです。著者は反貧困活動の拠点として2001年に「もやい」を立ち上げ、2003年にNPO法人化しています。活動の軸は住所不定状態の人に対するアパート入居時の連帯保証人の提供と、生活困窮者への生活相談です。低賃金、偽装請負、違法天引きがみられる「貧困ビジネス」は、貧困な人たちに仕事と住む場所を提供しながら、貧困から脱却させないシステムをつくり上げています。貧困当事者たちの互助組織である反貧困たすけあいネットワークの発足、行政の水際作戦に対する法的処置や生活保護基準引き下げに抵抗する言論活動等、本書で紹介される取り組みのどれもが個人・社会・団体の「溜め」を増やそうとするものであり、自己責任論を強調してきた政財界への異議申し立てでもあります。

貧困問題はみえにくく、社会システムの中で意図的に隠されてもいます。「貧困なんて今の日本に本当にあるの？」という読者に、最初の一冊としておすすめします。

BOOK

18

貧乏人の経済学：もういちど貧困問題を根っこから考える

A・V・バナジー／E・デュフロ（みすず書房、2012年）

2019年にノーベル経済学賞を受賞した著者らによる、従来の開発援助の在り方を根底から覆す本です。これまでにも数多くの開発援助が行われてきましたが、世界の貧富の格差は拡大し続けています。なぜ開発援助が目覚ましい効果をあげないのでしょうか。それは、以下に記すように援助する側が発展途上国の貧乏な人の経済生活と意思決定を十分に理解していないことが原因です。

Q：なぜ所得の増加を栄養摂取の改善ではなく嗜好品や娯楽に費やすのか――A：楽しい生活を希求するのは人間の基本的欲求です。

Q：なぜ安価な予防よりも民間施設での高価な治療にお金を使うのか――A：公的機関の医師や看護師は不在がちです。公衆衛生上の投資や予防接種が標準でなければ、将来の健康に対するコストの支払いは先送りにするものです。

Q：なぜ大家族を形成するのか――A：社会保障システムが整備されていない国では、老後の面倒をみてもらうためにもたくさんの子ども（特に男児が好まれる）が必要です。

Q：なぜもっと貯蓄しないのか――A：まともな銀行口座にアクセスできず、貯蓄するためには複雑で高価な代替戦略を用いるほかありません。

つまり、貧乏な人たちは現在の状況を抜け出すためにはずっと多くの技能や意志力が必要なのです。本書で描かれるのは貧しい人たちが陥っている「貧困の罠」です。貧困の罠とは、保有している富が限られている場合は、わずかな富の増加では、貧困状態から脱して逆戻りしないために、何ら役立たない状況にあることを言います。援助の成功例としてしばしば挙げられるマイクロファイナンスも、ちょっとした暮らしのアイディアをもとに起業するための少額の融資はできますが、貧困から完全に抜け出すだけの大規模な事業展開への融資はできません。

では、どのような政策が効果的なのでしょうか。本書では、無作為に介入をするグループとしないグループに対象群を分けて政策効果を識別する、ランダム化対照試行（RCT）によって援助方法を考察すべきだと提唱します。

ここでは教育援助を例にとってみましょう。学校をつくって教育を供給することが重要だとする論者と、はっきりとした教育需要がなければ供給は無意味だとする論者のどちらにも欠けている視点があります。それは教育が何を実現するのかという「期待」が与える影響です。貧乏な世帯の子どもたちを教える教師や親、そして子ども自身の学習の達成度に対する低い期待が現実に学校での学びを損ないます。RCTの結果は、単に教科書を配布するなどの教育投資を増加させることのみでは効果はなく、関係当事者の期待を変化させることの重要性を伝えています。本書は豊かな語り口で核心に鋭く切りこみながら、貧困問題の根っこに光を当てています。

BOOK

19

格差社会：何が問題なのか

橘木俊詔（岩波新書、2006年）

本書は、格差を測るデータのうち、資産や消費よりもデータが豊富かつ信頼性が高いものとして、所得データを第一義的に掲げ、格差の現状を丹念に分析していきます。所得を計測する4つのデータは「所得再分配調査」「家計調査」「全国消費実態調査」（2019年度からは「全国家計構造調査」に改定）「賃金構造基本調査」です。いずれも調査対象や標本数、調査頻度に違いがありメリット／デメリットがあります。これら所得データをもとにした所得再分配後のジニ係数値を確認していくと、80年代以降日本では格差の拡大が確認できると結論付けられます。

一方で本書では、統計データの限界も指摘しています。統計データでは富裕層の資産や所得額に誤差が生じたり、ホームレスや下宿の学生、施設に入所している病人や高齢者の存在が抜け落ちています。そのため、むしろ統計上の格差を表す数値は過小となる可能性があります。

第2章では、格差拡大の要因として長期不況と失業の増大を挙げています。特に長期不況の中で顕著となった非正規労働者の増大は見逃せません。非正規労働者は、多くの場合賃金水準が低く雇用期間の定めがある不安定な雇用形態です。企業にとっては、労働コストの削減や雇用量の調節がしやすい好都合な存在です。そのため、正規労働者にとっても自らの雇用を脅かす存在として映り、時間外労働の拒否や労働条件の引き上げを要求できない土壌が生まれます。このように、雇用形態間の格差は全労働者にとって悪影響をもたらします。

また、賃金の決定方式が、春闘のように中央集権的に決める方式から各企業レベルで社員の賃金の伸び率を決める分権化方式に移ってきたことや、成果主義賃金の導入等が企業間、個人間、地域間の賃金格差を引き起こしていると指摘しています。一方で所得分配システムを構成する税や社会保険料率は、高所得者を優遇し低所得者に不利な制度に変更されてきています。富裕層の研究でも有名な著者は、子どもの教育や職業に対する親の意欲や所得状況が子どもの将来に対する意欲や希望に影響を与え、結果として階層が固定化されてしまうことを指摘しています。しかし、階層の固定化は、格差拡大を容認する人々の主張する競争を損なう流れでもあり、様々な職業で人材の最適な配分がなされない可能性を高めます。

本書の主張は明確です。格差はどの社会でも存在することを認めた上で、経済的効率のために格差拡大を容認することは（1）勤労意欲の低下、（2）人的資源のロス、（3）犯罪の増大や社会の不安定化、（4）給付拡大による社会保障の負担増を引き起こすと指摘します。格差の実態を把握するためのデータの集め方や読み取り方、格差論の作法を学ぶ上での入門書として活用してください。

BOOK 20

幸せのための経済学：効率と衡平の考え方

蓼沼宏一（岩波ジュニア新書、2011年）

本書は「経済は人々の福祉を高めるためにある」という基本原理の上に立って、人の福祉とは何か、人々の福祉を高めるためにはどのような資源配分が社会的に望ましいのかを、「効率」「衡平」「公平」をキーワードとして厚生経済学の観点から平易に説明しています。アマルティア・センの潜在能力アプローチについて原著で学ぼうとすると初学者には負担が大きいですが、本書ではわかりやすくそのポイントを説明することができています。さらに学びを深めたい方には本書の10章で各種文献が紹介されていますので、ぜひ参考にしてみてください。

BOOK 21

〈格差〉と〈階級〉の戦後史

橋本健二（河出新書、2020年）

本書の特徴は、ネオ・マルクス主義的な階級論、すなわち自らが経済活動を行う上での主要な生産手段の所有の対抗関係に基づき「資本家階級」「新中間階級」「旧中間階級」「労働者階級」の4つの階級をもとに戦後日本の階級構造の変容を分析する点にあります。利用するデータはSSM調査です。本書は、階級の閉鎖性が再び高まっていること、一億総中流が叫ばれた1970年代において既に世代間格差や企業規模間格差、階級と学歴の連動がみられたこと、非正規雇用により不安定な生活状態に据え置かれるアンダークラスの形成とその拡大を時系列的に示しながら、政治的変革の必要性に言及しています。

BOOK 22

子どもの貧困Ⅱ：解決策を考える

阿部彩（岩波新書、2014年）

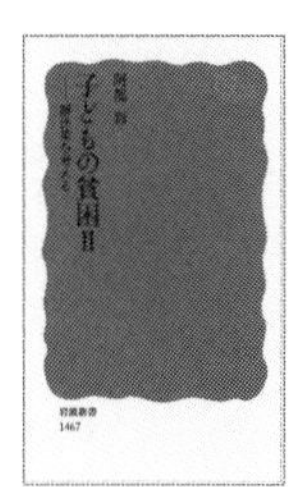

本書は子ども時代の貧困経験が金銭面、家庭環境、職業、健康、意識経路を介して成育に影響を与えることで貧困が次世代に引き継がれる、「貧困の連鎖」を指摘します。本書の特徴は、子どもの貧困を解消するために何をするべきかにこだわり、読者に問うている点です。政策実施に当たっては対象者を選定し、政策の効果を鑑みながら現金給付と現物給付の組み合わせを慎重に議論する必要があります。本書は子どもの貧困を劇的に減らすただひとつの解決策はなく、複合的な政策展開が必要であり、子どもだけでなく親への支援を含めることが肝要だと主張します。

BOOK 23

ベーシック・インカム入門：無条件給付の基本所得を考える

山森亮（光文社新書、2009年）

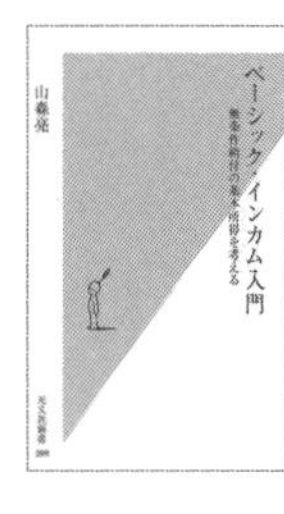

貧困問題の解決策のひとつとして各国で試行実験が始まっているのがベーシックインカム（ＢＩ）です。本書は、日本の代表的ＢＩ論者である山森氏が執筆した入門書です。ＢＩはいわゆる「新しい」所得保障制度のひとつではありますが、その歴史的系譜はこれまでの様々な社会運動にもみられ、経済哲学の領域でも長期にわたって議論されてきました。無条件で所得を得られるようになると、人は怠惰になるのか、救貧法創設当時から繰り返されてきた言説に本書は「そうではない」と期待を込めて論じます。各々のもつＢＩへの懐疑や関心に従って、途中の章から読み進めることができる構成になっています。

「国際経済」から
世界の趨勢を見る

佐藤綾野

「国際経済」の見方を知ろう

ボーダレス化した経済を考えよう

今や新聞やTVニュースなどのメディアで、世界経済や外国企業の状況を取り扱わない日は全くないと言っていいくらいです。日本で生活している我々が、どうしてこんなに世界を意識しながら生活しているのでしょうか。その答えは意外と簡単にみつかると思われます。皆さんの身の回りの生活雑貨や日用品をみて、全て日本国内で生産されたものばかりだという人はほとんどいないでしょう。

日本の企業もまた、海外進出を拡大させ、特に製造業では、グローバルサプライチェーンと呼ばれる原材料の調達から生産、最終製品の販売までの工程を世界に分散させています。現在の日本の貿易依存度（GDPのうち貿易総額の占める割合）は約3割であり、もはや日本経済が世界を無視しては成立しなくなっていることは言うまでもありません。以前は「アメリカがくしゃみをすれば日本は風邪をひく」と言われましたが、今ではアメリカに加え中国がくしゃみをしても日本は風邪をひいてしまいます。

金融市場も例外ではありません。2008年、アメリカのリーマン・ブラザーズ証券が経営破綻したニュース、いわゆるリーマン・ショックは瞬時に世界を駆けめぐり、世界同時株安を引き起こし、世界の多くの国はその後長期の景気低迷に陥りました。株式市場の大暴落の世界的連鎖の例は、リーマン・ショックだけでなく過去にも1987年のブラックマンデー、1997年のアジア通貨危機など枚挙にいとまがありません。つまり世界の金融市場は密接につながっていて、どこかの国の株価暴落はあっという間に日本の株式市場に伝播するのです。

ヒト、モノ、カネがボーダレス化して移動し、国際化が進む日本に住む我々にとって、世界経済を分析したり、あるいは世界経済が日本に与える影響を分析する必要性は近年ますます高まっていると言えるでしょう。そして、このような世界経済に関連する諸問題を取り扱う学問が国際経済学です。

それでは具体的に国際経済学とはどのような学問なのでしょうか。国際経済学は、その名の通り「国際」とか「世界」、「グローバル」という冠がつく経済学や、世界経済が分析対象になっていれば何でもその枠組みに入ってしまうので、カバー範囲がとても広い分野であると言えます。代表的なところでは、国際貿易論、国際金融論あるいは国際マクロ経済学といったところでしょう。他にも開発経済学、アメリカ経済やヨーロッパ経済、中国経済などもありますが、以下では、国際貿易論、国際マクロ経済、および国際金融論を取り上げてそれぞれについて説明します。

18世紀から続く伝統的な学問分野：国際貿易論

国際貿易論は、経済学の中でも最も古い歴史を持つ分野だと言われます。なぜなら、それはモノとモノの交換、すなわち経済取引の中の基本中の基本を分析対象としているからです。現在の国際貿易論の基礎を作ったのは、18世紀から19世紀にかけて活躍したアダム・スミスやデヴィッド・リカードですが、驚くべきことに今でも経済学入門や国際貿易論の授業では、必ずと言って良いほど彼らが生み出した経済理論を最初に学びます。

言うまでもなく、国際間で貿易が行われるのはお互いの国にとって大きな利益があるからです。スミスは、ふたつの財を生産しているふたつの国があれば、それぞれの国は労働生産性の高いほうの財に絞って生産を行い財を交換したほうが、両国にとって利益が大きくなると主張しました（「絶対優位」）。またリカードはこのスミスの理論を進めて、一方の国がもう一方の国に比較して2財とも労働生産性が高い場合があったとしても、一国の中で生産性の高い財にそれぞれ特化したほうが、やはり貿易による利益が得られることを指摘しました（「比較優位」）。要するに、スミスやリカードの主張は、各国が分業を行って自由に貿易することで、世界全体では最も経済効率性が高く利益が最大となるというもので、現在でも「生きた理論」として国際貿易論だけでなく経済学の基本概念となっています。

国際貿易論では自由貿易が最も好ましいとされますが、実際には、世界の多くの国々で、輸入品に関税をかけたり輸入数量に上限枠を設けたりする貿易障壁が存在します。

貿易障壁の導入は自国産業を保護することが主な目的とされますが、経済理論では必ずどこかに経済厚生の悪化、すなわち非効率性や利益の損失が生じてしまいます。GATT（関税および貿易に関する一般協定）やWTO（世界貿易機関）が、自由貿易を推進する根拠はここにあり、2018年、日本を含む11ヶ国の間で結ばれた「環太平洋パートナーシップに関する包括的及び先進的な協定（CPTPP）」も、自由貿易が原則とされています。

もちろんある状況においては、国が貿易障壁を設けることを正当化する理論も存在しています。幼稚産業保護論によれば、現時点では発展途上国であり先進国と競合できる産業がない場合、発展途上国の政府が貿易障壁を設けて保護政策を採用することは、発展途上国の産業を育成するためには必要なことと言えるでしょう（⇒■伊藤元重『どうなる世界経済』）。

しかしながら2018年、どう転んでも発展途上国とは言えないアメリカのトランプ大統領は、主に中国からの輸入品に対して10～30％の大型関税を課すことを発表し世界を驚かせました。貿易関税がかけられると、単純に言えば、アメリカで売られる中国製品価格が20～30％程度高くなるため、中国製品のアメリカ市場での価格競争力が失われてしまいます。これには中国政府も黙っていませんでした。今度は中国がアメリカからの輸入品に対して同率の関税を課すことを発表し、その後も中国とアメリカの間で追加関税の報復合戦が続き、米中貿易戦争に発展しました。

アメリカと中国という世界の二大経済大国が貿易戦争を起こしてしまったので、世界経済への影響はもちろんですが、日本経済に対しても深刻な影響が生じる可能性が高く、今後の米中貿易戦争の行方には注意が必要です。

為替相場を考慮したマクロ経済学の世界：国際マクロ経済学

国際マクロ経済学は、マクロ経済学の応用です。一般に初級レベルのマクロ経済学では、世界経済の影響を無視し、日本国内だけの経済の枠組みで論じられます。一方国際マクロ経済学は、外国の存在も考慮した上で日本経済を分析するための学問なので、当然ながら現在の日本経済にとっては国際マクロ経済学の方が現実的です。

マクロ経済学といえば、GDPの決定、経済成長や経済政策などの分析に用いられる学問ですが、国際マクロ経済学は、これらに加え、為替相場がキーワードとして加わるため、様々な面で大きな違いが出てきます（⇒■丹羽由一〈監修〉『もう一度学びたい世界経済』、国際通貨研究所〈編〉『外国為替の知識』）。

例えば、マクロ経済学ではお馴染みのIS－LMモデルを国際経済版に拡張したマンデル－フレミングモデルによると、日本のように日々為替相場が変動するような国においては、財政政策は実施しても円高になるだけでGDPを拡大させる効果はないとされますが、金融政策は非常に有効であるという結論になります。これらは財政政策が常に無効であるということではなく、あくまで特殊な仮定をおいた場合の話ですが、それでも非常に興味深い結果としてよく知られています（⇒📕岩田規久男『国際金融入門』）。

日本に住んでいると、円ドルの為替相場は毎日変動しているので、それが当たり前のように思ってしまいますが、世界には為替相場がほとんど変動しない国も存在します。香港やシンガポール、サウジアラビアなどは、国の為替政策として、為替相場の変動幅を一定の範囲内に抑える制度すなわち固定為替相場制を採用しています。一方、日本のように為替相場が日々変動する制度は変動為替相場制と呼ばれます。

為替相場の変動はできるだけ小さく安定している方が、国際間で取引を行う企業にとっては、将来の利益が予想しやすいので望ましいと言えます。例えば、アメリカのアマゾンの株価が現在１０００ドルで１年後確実に１２００ドルになるとしましょう。現在１ドルが１００円で１年後も変わらないのであれば、日本人の私たちもアメリカの株式市場に参入してアマゾンの株を10万円（＝１０００ドル×１００円）で買えば、１年後12万円（＝１２００ドル×１００円）となり、確実に２万円儲けることができます。つまり為替相場に変動のない固定相場制の下では、株価さえ確実に予想できれば収益も確定できると言えます。

しかし１年後に為替相場が変動し１ドル80円になっているとどうでしょうか。アマゾンの株価が１２００ドルに上昇しても、日本円に換算すると９万６０００円（＝１２００ドル×80円）となり、逆に損をしてしまう可能性もあります。

それでは日本も、変動相場制度をやめて固定相場制度を採用したほうが良いのかという問いが生まれますが、果たして本当にそうなのでしょうか。

最適な為替相場制度とは何か：国際金融論

東アジアの国々は1980年から90年代にかけて、自国の為替相場をアメリカのドルに固定する為替制度を背景に、先進国の金融機関から多額の資金を借り入れることによって「東アジアの奇跡」と称されるほどの高い経済成長を遂げました。しかし1990年代後半に入って、突如として先進国の金融機関が資金を東アジア諸国から引き揚げはじめ、それと同時に東アジア諸国の為替相場も大きく下落（減価）し、いわゆる「アジア通貨危機」が発生しました。

固定為替相場制は、実は諸刃の剣なのです。為替相場は、リンゴやみかんの市場と同じようにある通貨の需要と供給で決まりますが、アメリカドルの為替相場ならば、1ドルをどのくらいで買いたいか、あるいは売りたいかで決まります。つまり金融市場の投資家がドルを必要とすれば1ドルの価格が上昇するし、逆に投資家がいらなくなれば1ドルの価格は下落します。固定為替相場制を採用する国では、政府が持つドル（外貨準備）を使って、金融市場のドルに対する需要と供給を常時調節します。例えば、投資家のドル需要が増加した時には、政府は保有する外貨準備を売ってドルの供給を増やします。しかし忘れてはならないのは、政府の持つ外貨準備は有限であるということです。

東アジア諸国の政府は、通貨危機が発生した当時、十分な外貨準備を保有していませんでした。先進国の金融機関は資金を東アジア諸国から引き揚げると同時に、引き揚げた資金（東アジア通貨建て）をドルに変換したのでドル需要が急上昇したのです。東アジア諸国の政府は固定為替相場制を死守するために大量に外貨準備を市場に供給したのですが、最終的には外貨準備が底をつき、固定為替相場制を放棄せざるを得なくなりました（⇒📖飯島寛之他『身近に感じる国際金融』）。

為替相場は安定していることが望ましい。しかしその一方で、為替相場の変動を抑える政策にも弱点がある。最適な通貨制度の選択は、国際金融の抱える永遠のテーマなのかもしれません。

BOOK

24

どうなる世界経済：入門 国際経済学

伊藤元重（光文社新書、2016年）

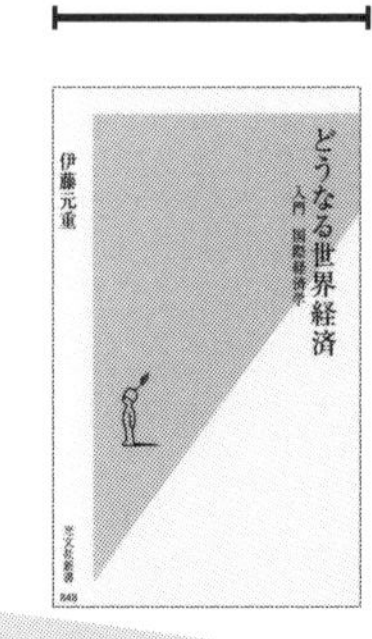

本書は、著者である伊藤元重「先生」と「学生」の対話形式で書かれていて、国際経済学の基本的な考え方に基づいて、近年世界的に関心の高かったトピックを例に挙げながら説明が展開されている良書です。

本書の前半部分では、国際貿易論の最大のテーマである自由貿易と通商協定について、わかりやすく書かれています。通商協定には色々あって、本書ではこれを「マルチラテラル（多国間）」「リージョナル（地域間）」「バイラテラル（二国間）」「ユニラテラル（一方的行動）」の4つの類型に分類しています。

第二次世界大戦以降ＧＡＴＴが推進してきたのは、マルチラテラル、つまり世界の多くの国々がひとつの貿易ルールに従う通商協定でした。しかし経済発展度や産業構造の異なる国が集まると、それぞれの国が自国の産業を守ろうとして利害関係が複雑になり、交渉は難航します。１９８０年代後半から通商交渉が開始されたウルグアイ・ラウンドは、協定締結までに８年間もかかり、マルチラテラル型の通商交渉の限界が取り沙汰されました。そうは言っても、自由貿易体制の重要性が弱まったわけではなく、現在では、マルチラテラル型からバイラテラル型あるいはリージョナル型へと形態を変え、世界のあちこちの国や地域で個別交渉が行われています。本書では、様々な通商協定の共通点や相違点、あるいはＷＴＯの果たす役割について平易に解説されていますが、特に２００2年に締結された日本とシンガポールとの間の自由貿易協定の交渉過程は、交渉メンバーの一人であった著者による解説ですから臨場感抜群です。

本書の後半では、21世紀の世界経済をけん引すると言われる中国についても、著者の深い見識による分析がなされています。１９７8年、当時の最高指導者であった鄧小平によって、中国は経済政策を大きく変更しました。いわゆる改革開放政策です。この政策が開始されて以降の中国経済の目覚ましい経済成長は、誰もが知るところですが、本書ではその独自性を指摘しています。

中国は、その豊富な労働力をもとに、外資系の製造業を中心に誘致を行い、輸出をアクセラレータとして急成長を遂げました。これは他の多くの新興国で見られる輸入依存型の成長とは異なる中国経済の大きな特徴のひとつとされます。また中国は、進出してきた外国企業が中国の工場で生産した製品を全て輸出することを条件に、輸出入関税を免除する優遇措置を採用する一方、輸入品に対しては高関税をかけて国内産業を徹底的に保護するという独自の二重関税政策を導入しました。

本書は、国際経済学の理論を外さず、それでいて著者の体験なども随所に散りばめてあり、初学者には読みやすい一冊と言えるでしょう。

BOOK

25

国際金融入門 新版

岩田規久男（岩波新書、２００９年）

グローバル化した世界では、国際間のモノ、サービス、カネの取引が莫大な額となります。各国政府は、ある一定期間におけるこれらの取引額を国際収支と呼ばれる統計によって定期的に公表しています。国際収支統計は、財・サービス・所得等に関する取引を記録する経常収支、金融資産の増減に関する取引を記録する金融収支、経常収支と金融収支以外の資産取引を記録する資本移転等収支に大別されます。

左図は、日本、アメリカ、中国の経常収支の変遷を示したものです。日本の経常収支は１９８５年以降継続的に黒字を記録していますが、２０１２〜２０１４年にかけて日本円にして３〜５兆円まで黒字額が減少していたことがわかります。この時期の黒字額の減少は、２０１１年３月の東日本大震災後、原油や天然ガスなどの輸入が増加したことが要因のひとつとされています。アメリカと中国についてはどうでしょう。図によれば、アメリカは１９８５年当時から経常収支赤字が常態化していましたが、１９９７年から赤字額が大幅に増大しています。それとは対照的に中国の経常収支黒字は２０１７年まで急激に伸びています。２０１８年に勃発した米中貿易戦争は、トランプ大統領が２国間の経常収支の不均衡を問題視したこと

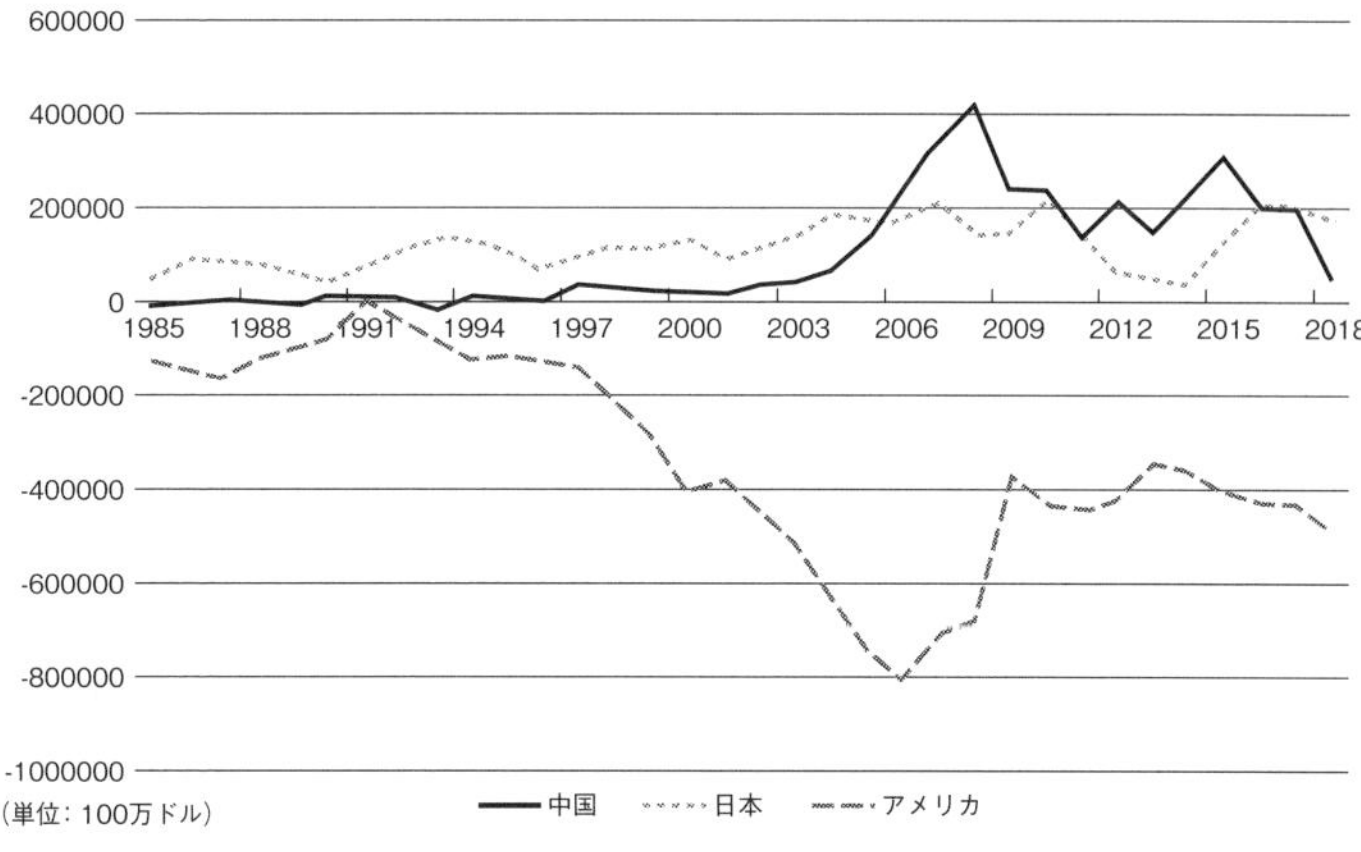

日本、アメリカ、中国の経常収支の変遷(UNCTAD／グローバルノートより引用)

から始まったとされますが、アメリカの経常収支赤字は本当に中国のせいなのでしょうか。

本書では、アメリカの経常収支赤字は今に始まったものではなく、世界の国々が固定為替相場制から変動為替相場制へと移行した70年代から継続されていて、日本との間にも大規模な貿易摩擦があったことについて触れています。その中で、継続的な経常収支赤字の主な原因のひとつは、アメリカ人の高消費体質であると指摘しています。これは、アメリカ人がモノやサービスを自国で生産する以上に消費し、消費の超過分を外国からの輸入で賄っていることを意味します。つまり、アメリカ人は経常収支赤字によって満足度を高めているのです。このように考えると、そもそも経常収支赤字自体が本当に悪いものなのかわからなくなりますね。そんな疑問に、本書は明確な答えを与えてくれるでしょう。

BOOK

26

身近に感じる国際金融

飯島寛之他（有斐閣ストゥディア、2017年）

2016年6月、イギリスのEU離脱を支持する国民投票結果、いわゆるブレグジット（Brexit）のニュースに世界が激震しました。イギリスに流入した移民に職を奪われたイギリス国民の反発が、この国民投票の結果につながったとされていますが、移民問題はイギリスだけにとどまらず他のEU加盟国でも同様の問題が生じており、ヒト、モノ、カネの自由移動を基本理念としたEUの存在意義さえ問われる事態となっています。

EUの存在意義を問う最も深刻な問題は、ギリシャ危機でしょう。ギリシャ危機は2009年、それまで公表していた額の2倍以上の財政赤字の隠蔽がギリシャ政府の政権交代に伴って明らかとなったことに端を発します。ギリシャの財政危機が表面化すると、他のEU加盟国にも飛び火し欧州債務危機へと発展しました。

本書では、このようなEUをめぐる諸問題について、国際金融の経済理論を踏まえつつ解説を与えています。EU加盟国は、ユーロという共通通貨を使用しているため金融政策は各国独自には発動できません。一方現状では、財政政策は自由に行えます。通常ギリシャのような財政危機に陥った国には、金融緩和政策が有効となりますが、インフレ圧力のかかる他のEU加盟国にとってはこれ以上の金融緩和は望ましくないと判断された場合、ＥＵ加盟国の中で意見が分かれ迅速な金融政策の発動ができなくなります。今回の欧州債務危機において、このようなユーロという共通通貨制度の欠陥とも言うべき問題が露呈し、ユーロ崩壊の可能性さえささやかれることになりました。

ＥＵ諸国は長い時間をかけてあらゆる市場を統合し、最後は自国の通貨を捨ててユーロという共通通貨まで導入しました。その背景には、戦争で幾度となく引きさかれたヨーロッパ大陸の歴史があると言われますが、果たして本当にそこまでする必要があったのでしょうか。域内で共通通貨を持つことで経済厚生が最大化する地理的なエリアは最適通貨圏と呼ばれ、ノーベル経済学賞の受賞者であるロバート・マンデルが初めて提唱しました。マンデルは、最適通貨圏を構成するためには、労働の移動性や市場の統合度が十分に高いこと、加盟する国の経済が類似していることなどの条件を明らかにしましたが、ＥＵ諸国がこの条件を全て満たしているのかについては多くの研究者が疑問を呈していて、ＥＵ統合それ自体が「大いなる実験」であった可能性も指摘されています。

本書は、以上のような通貨をめぐる諸問題についての丁寧な解説だけでなく、為替相場や経常収支の伝統的な決定理論から最新のデリバティブ取引の基礎まで、バランスよく取り上げられており、大学の初級レベルの教科書としても使用できる構成となっています。

BOOK 27

経済は地理から学べ！

宮路秀作（ダイヤモンド社、2017年）

国際貿易論には、グラビティ・モデルというものがあります。ノーベル経済学者のJ・ティンバーゲンによって提唱されたものですが、二国間の貿易額は、両国の距離が近いほど大きくなり、また両国の経済規模に比例して大きくなるとされています。本書は、このグラビティ・モデルの概念に加えて、私たちの歴史が教えてくれるのは、経済は土地と資源の奪い合いであるという視点から書かれています。経済は、数学や統計ばかりと思う人も多いでしょうが、歴史や地理、宗教や文化とも密接に関連しています。高校時代歴史や地理は好きだったけど経済は全くわからないという読者にとっても、読みやすい入門書です。

BOOK 28

もう一度学びたい世界経済

丹羽由一〈監修〉（枻出版社、2018年）

本書のタイトルは「世界経済」となっていますが、内容は、（学問的な）国際経済学の枠組みを超え、経済全般の仕組みについて書かれています。国際経済学を理解するためには、当然経済全般の仕組みについても知っている必要があるので、全てが学べる便利な一冊です。為替相場がなぜ円高、あるいは円安になるのかは、国際経済学の中心的テーマのひとつですが、各国の金融政策にも大きく影響されます。本書では、日本の目指すインフレ率2％の意味や日本銀行が現在行っているイールドカーブコントロール、マイナス金利が為替相場にどのような影響を与えるのかについて、コンパクトに解説されています。

BOOK 29

外国為替の知識 第4版

国際通貨研究所〈編〉（日経文庫、2018年）

インターネットの普及により、自宅でFX取引（外国為替証拠金取引）を行っている人が増え、外国為替は以前よりはるかに身近な存在になりました。外国為替市場は、24時間世界のどこかでオープンしていると言われますが、外国為替市場とは一体どんなところでしょうか。外国為替市場は、兜町とか豊洲とか特定の場所にあるのではなく、外国通貨の取引が行われれば、どこでも市場となりえます。本書は、外国為替市場の基本から応用まで幅広いトピックで構成されていて、教科書とはちょっと違う実務的なニーズにも対応できるおすすめの本です。

BOOK 30

円の足枷：日本経済「完全復活」への道筋

安達誠司（東洋経済新報社、2007年）

アベノミクスの第一の矢である大胆な金融緩和政策により、日本のインフレ率は多少上昇傾向となりましたが、未だ目標の2%には到達せず「デフレの完全脱却」とは言えない状態にあります。本書は、デフレの原因は円高であり、それが足枷となって日本経済の成長を阻害していると主張します。さらに日米間の予想インフレ率格差に注目し、日本の予想インフレ率がアメリカのそれを上回れば、円ドル相場は円安に向かうことをデータを使って示しています。予想が難しいと言われる為替相場ですが、マーケットに直結した為替相場と金融政策の関係について知りたい読者にとって、本書はまさに最高の一冊となるでしょう。

経済学からみた「社会保障」の必要性

中田大悟

「社会保障」の学び方

まずは制度の全体像を理解する

経済学の応用分野としての社会保障を学ぶにあたって、心がけてもらいたいのは、まずは虚心坦懐に制度そのものを理解する、ということです。最初は日本の社会保障制度について学び、その延長線上で、国際比較のために諸外国の制度についても学ぶと良いでしょう。

経済学は、非常に刺激的で、切れ味鋭い分析のツールボックスを提供してくれるものですが、とかく初学者は、分析ありきの制度理解に陥りやすい傾向性にあります。経済学の理論モデルによる分析は、社会保障制度が持つ機能の一面を、鮮やかに描き出してくれます。しかし、それがその社会保障制度の全てだと考えてはなりません。

また、現実の制度が、理論分析が示すような制度とは異なるからといって、理論が正しく現実がおかしい、と短絡的に決めつけるのも、非常に危うい行為となります。もしかしたら、経済学の理論分析が、現実には存在する重要な制約条件を見落としている可能性もあるからです。ですから、まずは制度そのものを正しく理解することに努めましょう。これは、食材を正しく理解している料理人が、素晴らしい調理器具を使いこなせるということにも似ています。

さて、社会保障制度とは、一言で言えば、政府が公的な責任で国民の社会生活の安定を保障するものです。とはいえ、社会保障は非常に広範な制度です。大学生などの若い人たちにとって、社会保障というのは高齢者が関わる縁遠い制度のように思えるかもしれませんし、知っているとしても、その一部分だけなのかもしれません。しかし、社会保障制度の守備範囲は、貧困、障害、病気、介護、育児、失業、老齢、住宅、等々、様々な領域に及んでいます。およそ、人間が生まれてから死ぬまでの間の、ほとんど全てのタイミングで関わりを持ち得るものです。このような幅広い制度を泥縄式に丸暗記するのは骨が折れますし、あまり意味はありません。したがって、様々な制度を、運用・財源・給付・機能などの観点から整理し、体系的に理解することが重要です（⇒■椋野美智子・田中耕太郎『はじめての社会保障』、香取照幸『教養としての社会保障』）。

ただし、現実に存在する社会保障が、如何に秩序だった制度であったとしても、それこそが「正しい」姿であると考えてはなりません。制度をありのままに理解するとは、制度の現在の到達点と今後の課題を知るということでもあります。例えば、同じような経済力をもつ先進国同士であったとしても、それぞれの国での社会保障制度の仕組みは、共通点がありつつも、かなり異なります。個々の制度の特徴を踏まえながら、現実を理解することに努めることが大切です。それが後の学習にとても役立つはずです。

経済学からみた社会保障の必要性

大学に入学し、経済学を学び始める時、オーソドックスなカリキュラムであれば、かなり早い段階で市場均衡の効率性について学ぶことになります。おそらくは、中学校や高校の社会科の教科書でも習ったことのある、需要曲線と供給曲線が交差するグラフ(部分均衡分析と呼ばれます)を用いた余剰分析として学ぶはずです。そこでは、市場に参加する自律的な個人が利己的に市場で行動する時、政府はなんら関与せずとも、その結果として生じる資源配分は効率的(ここで言う効率的とは、世の中の資源が余すところなく活用されつくされている状況、とでも考えておきましょう)なものになっているという、なんとも美しい、そしてちょっと妖しい理論(市場メカニズム)が示され、初学者に強烈な印象を残すものです。

ところが、世の中には5月病と呼ばれる流行病がありまして、この辺の中途半端なところで真摯な学びを放棄してしまうと、その若者は「政府は市場に介入しないほうが良い」という単純化された理解(誤解)だけを抱えて、人生を過ごしてしまうことになります。この誤解を社会保障にそのまま当てはめてしまうと、人生において、どんなに不安定な局面があっても、解決は市場にまかせて、政府は何もしないほうが良いのではないか、という誤った結論に結びついてしまいます。

実は、経済学では、この後に続く内容が非常に重要であって、いくつかの条件が満たされなければ、市場は効率的な資源配分に失敗する、ということを学ぶことになります。いわゆる「市場の失敗」です。市場が失敗するのであれば、政府の市場介入に正当性が生じる可能性があります。この時、どういう介入方法であれば、政府は資源配分の効率性を回復できるのか、というのが、実は経済学の教科書の大部分を占めるテーマです。つまり、経済学は無闇矢鱈に市場原理主義を振りかざすものではないのです。

ちょっと話が回りくどい感がありますが、この市場均衡の効率性を支える条件を整理してみましょう（なぜそうなるか、という議論はミクロ経済学のテキストにゆずります）。まず、大前提として、世の中のあらゆる財・サービスに市場が存在するとして（これを市場の完備性と呼ぶこともあります）、（1）市場参加者が数多存在し、各々が独立して相互に影響を及ぼさず（完全競争）、同時に、（2）市場参加者の間で情報が十分に共有され、活用されている（完全情報）、というのがその条件となります。

この条件をながめてみると、市場メカニズムが完全に機能するのは、かなり限られた状況でしかない、ということが理解できるはずです。むしろ、世の中のほとんどの場面で、これらの条件は成り立っていない、というのが普通なはずです。そうであるならば、この世の中で生きる私たちは、ほぼ日常的に市場の失敗と隣合わせで生きているということになります。これが、社会保障制度が必要とされる、経済学的な根拠のひとつとなります。

例えば、感染症について考えてみましょう。感染症は、誰しもが直面しているリスクです。

しかし、このリスクは、個人で完結するものではありません。誰かが罹患したならば、その患者は他の誰かに疾病を伝染させる可能性があります。このように他者に影響をおよぼすという現象は、経済学では「外部性」と定義されており、先に述べた完全競争の条件に抵触します。この場合、市場メカニズムだけでは効率的な資源配分を達成できません。なぜなら、たとえ治療薬やワクチンが存在していても、各個人は伝染による社会的損失まで考慮して行動しようとはしないので、受診率やワクチンの接種率は社会的に最適な水準よりも低いものにとどまるからです。この場合、政府が、公衆衛生や医療保険などを通じて治療費やワクチン接種費用の一部を負担するなどして、人々の行動に介入する必要性が出てきます。これが、市場の失敗による社会保障の必要性の一例です。

また、市場の失敗とは別に、社会保障の必要性の根拠を、公平性に求めることもできます。ただし、公平性には様々な価値判断があり得ます。どのような価値観を判断基準に置くかで、望ましい資源配分は異なりますし、これまで述べてきた効率性の観点からの望ましさと、ある価値基準に基づく公平性の観点からの望ましさが一致するとは限りません。例えば、社会の構成員の厚生の和を最大化することが望ましいとするベンサム基準（功利主義）からみた望ましさと、社会の構成員のうち最も不利な状況にある構成員の厚生を最大化することが望ましいとするロールズ基準の望ましさは異なるものです。国民に「健康で文化的な最低限度の生活」（日本国憲法第25条）を保障する生活保護制度は、一面から捉えれば、ロールズ基準による評価で支えられる制度とも言えます。このように効率性と公平性の関係性を正しく理解した上で、現実の制度が何を達成しようとしているのか、と問うのも、社会保障制度を理解する上で重要な視点と言えます。

分野横断的に理解することの重要性

繰り返しになりますが、経済学のツールボックスを用いれば、社会保障制度が有する機能や課題の一面を、非常に鮮やかに描き出すことができます。では、どのような経済学の理論や実証方法が社会保障分析に用いられるのでしょうか。結論から言えば、社会保障の経済分析にのみ固有な分析ツールというものはさほど多くはありません。逆に言えば、経済学の様々な分野における分析ツールが総動員されているということです。

老後の所得保障の中核を担う年金保険制度を考えてみましょう。日本の年金給付の原資は、主として現役世代の加入者が支払う年金保険料です（賦課方式）。この保険料を現役世代に課すにあたって、徴収方法や負担水準が現実の労働市場と重要な関連を持つことは容易に想像がつくと思います。例えば、厚生年金と国民年金では、保険料負担の方法と水準が異なるため、この加入制度の違いは、労働市場に多大な影響を与えます。国民年金であれば企業側が保険料を負担する必要はないため、なるべく非正規雇用で労働者を確保したい、というインセンティブが企業側に働くのです。このような分析は、経済学では労働経済学で行われます。したがって、この場合は、分析ツールを労働経済学から借用してくるということになります。

また、年金は労働経済学の観点から分析されるだけではなく、マクロ経済学の観点からも考察されねばなりません。厚生年金の場合、毎年、およそ37兆円もの保険料を徴収し、運用収入や税による国庫負担などと合わせて、およそ52兆円の支出（給付）を行っています。これだけのフローの資金の流れがあるわけですから、制度改正を行った場合、当然、マクロ経済のパフォーマンスにも影響があると考えられるでしょう。このような分析は、マクロ経済学の出番となります（⇒■駒村康平『日本の年金』）。

それでは医療分野はどうでしょうか。年金制度は概ね資金の流れだけで構成されますが、医療はかなり様相が異なります。特に、医療サービスは、資金の流れとは別に、医療従事者、医療機関によるサービスの提供があり、そのバックグラウンドには医学の膨大な蓄積がありま す。そのため、医学に裏付けされた医療サービスの特徴を理解した上で、経済学の分析を適用せねばなりません。また、医療の社会現象としての側面を分析する医学の応用分野である、公衆衛生学や社会疫学の知見から学ぶべきことも多くあります（⇒■池上直己『医療・介護問題を読み解く』、河口洋行『医療の経済学』）。

これは医療に限らないことですが、法学、歴史学、社会学、社会福祉学、医学、倫理学、哲学、等々、他分野の知見を積極的に学び取ることが、社会保障制度の理解には不可欠であるということを、常に頭の片隅に置いておくようにしてください。つまり分野横断的に学ぶことが非常に重要なのです。例えば、社会保障制度は、法に根拠付けられているからには、法制度の枠組みを無視して制度改正を考えようとしても、それは実行可能性を欠いた絵に描いた餅になりかねません。経済学だけでは、社会保障の全容に迫ることはできません。しかし、分野横断的に理解して問題に迫ることで、経済学による分析の有効性はより増してくるのです（⇓■中島隆信『障害者の経済学』）。

BOOK

31

はじめての社会保障：福祉を学ぶ人へ

椋野美智子・田中耕太郎（有斐閣アルマ、2001年～）

社会保障制度は、非常に幅広い制度の集合です。人生で直面しうる不安定性を逐次、カバーしていくものですから、制度全体が多様なものになるのは当然ではあります。先に述べたように、社会保障制度を学ぶには、幅広い制度を泥縄式に暗記するのではなく、各制度を特徴や理念に応じて整理し、全体像を整合的に理解することが重要です。

ただ、市販されている社会保障の解説書は、執筆者の関心分野に重点が置かれるか、もしくは他のテキストとの補完関係を意識して書かれることが多いので、社会保障制度全体を一冊でバランス良く解説した本というのは、実はそれほど多くはありません。その点において、本書は非常に貴重な入門書です。

執筆者は、共に厚生省（現厚生労働省）に入省し、行政官として政策立案の最前線でキャリアを積んだ後、大学教授に転じた人たちです。本書は、行政と教育の両方の現場を経験した人たちによるものなので、記述の正確性とわかりやすさに定評があり、版を重ね続けています。また、社会保障制度は、毎年のように制度改正が行われているため、これを解説した本は、執筆・出版した内容が、すぐに陳腐化してしまうという悩みがつきまとうのですが、本書は、毎年、制度改正を反映し、データも最新のものに更新した版が出版されるため、安心して読み通すことができます。

本書はまず、社会保障の制度分類について解説し、見取り図を与えてくれます。例えば制度運用の観点からは、社会保障は「社会保険」「社会福祉」「生活保護（扶助）」の三種類に分類できます。さらに、この制度運用の分類は、財源の分類ともほぼ対応していて、医療保険や年金保険などからなる社会保険は主として保険料拠出で、児童福祉や障害者福祉などからなる社会福祉は税を主たる財源としつつ一部を利用者負担で、そして生活保護は全額を税負担で給付を賄います。こういった制度分類を行った上で、各制度の制度設計の特徴、類似点、相違点などを、本書は手際よく解説してくれます。

また、本書の最後では、社会保障の歴史についても、丁寧に解説を行っています。実は、社会保障を理解する上で、制度の歴史を学ぶことは必要不可欠です。制度は、その時々の歴史的背景や資源制約をもってつくられるため、歴史的知識は制度の仕組みと不可分な関係にあるからです。

本書を読了すれば、わが国の社会保障制度の過不足ない鳥瞰図が得られるはずです。まず最初の一冊としては、最適な入門テキストと言えるでしょう。

BOOK

32

日本の年金

駒村康平（岩波新書、２０１４年）

年金制度について正確に説明するのは、意外と骨の折れる仕事です。理由はいくつかありますが、まず急速かつ不可避に進む人口構造高齢化と、経済の長期停滞の中で、「年金制度は将来破綻する」と決めてかかっている人が存外多いことが挙げられます。結論から言えば、公的年金制度が「破綻」するというのは、あまり考え難い事態です。

そもそも「破綻」とはなんぞや、という定義自体が曖昧なものです。仮に、年金積立金が枯渇したとしても、基本的に日本の年金制度は賦課方式ですから、保険料収入で賄える範囲であれば、給付可能です（約束していた水準の給付がない、という意味では「破綻」かもしれませんが）。また、いわゆる年金未納者問題が知られているため、保険料を払わない人が多いのだから年金制度はもたない、と考える人も多いでしょう。しかし、保険料を払わなかった人は、結局、将来の給付がカットされるので、長期的な年金財政には微々たる影響しか与えません。

経済に幾分詳しい人であっても、年金問題についてはいろんな誤解を抱いているのも、説明が難しくなる要因のひとつです。こういった方はよく、「賦課方式だから駄目だ。積立方式に移行するバッポンテキカイカクをやらねばならない」と主張されます。たしかに、積立方式への移行は、経済学の理論上は、ひとつの案として考えられます。財政学やマクロ経済学の教科書の中には、そういう記述をしているものも少なくありません。ですが、理論的な可能性はともかくとして、これまでのところ賦課方式年金から積立方式年金への移行は、現実経済ではほとんど成功していません。理論が見落としている、もしくは捨象している様々な要因があるのです。

では、わが国の公的年金は、与党が「１００年安心」を謳うように、盤石なのかと問われれば、それも絶対に違う、と応えざるを得ません。これもまた、いくつかの理由があります。ひとつは、いわゆる「１００年安心プラン」を策定した時から16年が経ち、当初想定していた前提条件（特にデフレ脱却）が崩れてしまったことです。そのため、年金財政のバランス回復装置であるマクロ経済スライドが完全に機能不全に陥りました。そしてもうひとつ決定的なのは、経済格差がさらに深まり、低年金／無年金者への対応が喫緊の課題になっていることです。

本書では、所得保障政策や地域福祉政策を経済学のアプローチで分析してきた泰斗である筆者が、今日の年金制度改正のために必要な議論をまとめて解説しており、公的年金をどう考えるべきか、という出発点としてはベストのものです。

BOOK

33

医療・介護問題を読み解く

池上直己（日経文庫、2014年）

年金や生活保護といった所得保障政策は、基本的には資金の流れだけで構成されている社会保障制度です。したがって、所得保障政策について学ぶ時は、制度のファイナンスの在り方、給付と負担の設計のあり方で、ほぼ大枠の議論が完結します。それに対して、医療・介護制度には、所得保障政策同様にファイナンスの議論もありつつも、医療・介護サービスを実際に提供するサプライサイドの制度設計をどうするか、という複雑な問題が付加されることになります。

さらに、医療というサービスには、他の財・サービスにはない特徴があり、これが議論をより難しくします。ひとつは不確実性（リスク）です。誰しもある確率で罹患してしまうのが病気というものです。つまり、いつ医療サービスが必要になるかわからないという特徴があります。また、治療しても、それがどの程度効果があるのかわからない、という不確実性もあります。これと関連して、情報の非対称性も医療の特徴のひとつです。医療提供には、非常に高度な専門知識が必要とされます。しかし、一般に患者側は医師ほどの専門知識は持っていません。この時、患者側は、医師が提供する治療方法を正しく評価できなくなるという可能性があります。評価できないものを、公正に取引するには、なんらかの制度設計が必要なはずです。

そしてもうひとつ、医療・介護サービスにおける重要な特徴が、公平性に関わる問題です。自身と他者の命を尊重することは現代社会において重要な基礎理念と言って良いでしょう。少なくともこの国においては、経済力の格差で命に差別がつけられて良いと考える人は少ないはずです。そうであるならば、個々人の経済力に関係なく、平等に医療・介護サービスが提供されるような給付と負担の制度設計が必要とされます。

このように多様な評価軸がありえる医療・介護サービスですが、国によって、その制度設計が大きく異なるというのも、特徴のひとつです。医療保険や医療機関へのアクセス、財源の選択など、先進国の間でも、多様な制度設計がなされています。例えば、イギリスやイタリアのように全額税負担で医療費を賄いつつ、医療へのアクセスに強い制限を加える国もあれば、ドイツや日本のように社会保険を基盤とする国もあり、もしくは民間医療保険を最大限活用するアメリカのような国もあります。

本書は、長年にわたって医療経済学の分野を牽引してきた筆者が、世界各国の事例や研究を踏まえて、日本の医療・介護制度の今後の在り方を、包括的に、わかりやすく説明しています。

BOOK 34

教養としての社会保障

香取照幸（東洋経済新報社、2017年）

本書は、厚生労働省の官僚として、長年にわたって社会保障制度改革の最前線で活躍した筆者による啓蒙の書です。筆者は、この国では社会保障が過小評価されていると危惧します。日本の社会保障給付費は約120兆円で、GDPの20%以上を占め、国内の産業や雇用とも密接な関わりを持ち、かつ人々の安心に寄与しているにもかかわらず、単に「負担」としかみられない現状に警鐘を鳴らします。この国が、人口減少時代を乗り越える必要性を訴えつつ、そのために積極的な社会保障改革が必要であり、それを支える国民の理解が不可欠と主張する本書からは、筆者の魂の叫びが感じられます。

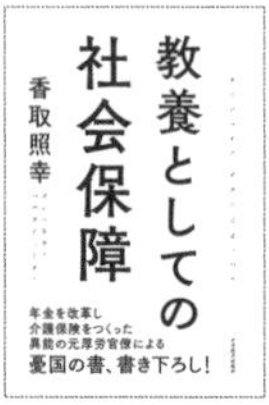

35

医療の経済学 第3版：経済学の視点で日本の医療政策を考える

河口洋行（日本評論社、2015年）

社会保障の経済学の中でも、医療・介護分野の経済分析については、その専門性の高さから「医療経済学（健康経済学）」という独立した分野として確立しており、世界中の経済学部と医学部で研究が行われています。本書は、その医療経済学の世界標準の内容を、学部専門科目レベルの教科書としてまとめた、日本では非常に貴重な一書です。洋書では、医療経済学の定番テキストが何冊か存在するものの、出版国、地域の医療制度を強く意識した内容が多いため、日本で学ぶには少し根気が必要になりますが、本書は、日本の医療制度を前提とした記述も多く、日本国内で学ぶ人にとって必読の書と言えます。

BOOK
36

新版　障害者の経済学

中島隆信（東洋経済新報社、２０１８年）

筆者は、応用経済学者として、多くの学術研究を執筆するだけでなく、様々な現象に対して経済学の分析を当てはめ、鮮やかな含意を導き出す啓蒙書を多数出版していることでも知られています。その応用分野は、大相撲、宗教、高校野球、犯罪など多岐に及び、どの書籍からも学術研究に裏付けられた応用経済分析の面白さを学び取ることができます。その中でも本書は異色の一冊とも言えます。ご子息が身体障害者であるという意味で、筆者はこの問題の当事者でありながら、そこに応用経済学者としての客観的、科学的な分析が展開されるのです。Warm heart と Cool head の絶妙なバランスが、この本の醍醐味です。

BOOK
37

保育園問題：待機児童、保育士不足、建設反対運動

前田正子（中公新書、２０１７年）

筆者は、子育て支援と自治体経営の専門家として、シンクタンクや大学で研究するのみならず、横浜市の医療・福祉・教育担当副市長として、待機児童解消の陣頭指揮を執った経験を有する実践の学究です。政府は女性活躍推進や一億総活躍社会を掲げつつも、それを支える保育園問題はなかなか解決の方向性がみえてきません。保育は単に女性就労支援のためにあるだけでなく、子育て支援を通した子どもの貧困改善、教育投資といった、この国の未来への支援でもあります。筆者は、データや調査に基づいて、保育園を取り巻く現状を丁寧に解き明かします。実務経験に裏付けられた実践知を、本書から味わうことができます。

BOOK 38

幸福の増税論：財政はだれのために

井手英策（岩波新書、2018年）

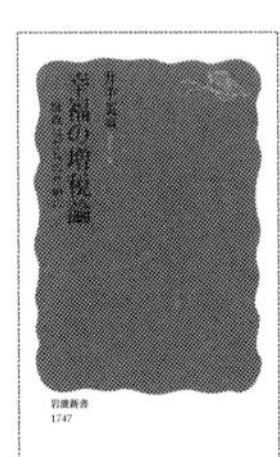

わが国における社会保障を取り巻く経済環境は、非常に厳しいものがあります。最大の理由は、膨大な累積債務問題を抱える財政状況です。そのため、この国での社会保障改革は、給付削減や効率化を目的としたものばかりとなっています。しかし、筆者はそのような状況に異を唱えます。それでは人々の尊厳は守られないのではないか、という筆者の疑問は、ベーシック・サービスの保障という考えにたどり着きます。これならば、比較的軽度な増税負担で、人々の生の尊厳を守ることができるのだ、という筆者の主張は、現代の政策論争の中で異彩を放っています。賛否はあるでしょうが、着目すべき議論です。

BOOK 39

21世紀の不平等

A・B・アトキンソン（東洋経済新報社、2015年）

経済学史上、本来は受賞すべきだったのに、ノーベル経済学賞の機会を逸してしまった偉大な経済学者というのが、何人か存在します。アトキンソンは、間違いなくその筆頭格でしょう。本書は、アトキンソンの最晩年の一書です。本書のスコープは、経済的不平等の解消にあり、社会保障に限らず、所得再分配政策全体に対して、15の政策提案を行い、それを事細かに論証していきます。精緻な分析に裏付けられたアトキンソンの主張は重厚です。本書は、本章で紹介する書籍としては、最も難易度が高いかもしれません（ただし難解な数式は全く出てきません）。しかし経済学を学ぶ人は、ぜひ読んでもらいたい現代の新しい古典です。

「人口減少・高齢化」問題の経済予想図

増田幹人

「人口減少・高齢化」問題ことはじめ

「人口減少・高齢化」問題とは何か？

現在の日本は、高齢化率が25%を超える超高齢社会です。また、２００５年から人口減少時代に突入し、２０１１年から持続的に減少が続くという本格的な人口減少が始まっています。これらはいずれも出生率の持続的な低下によってもたらされたものですが、人口減少と高齢化の同時進行は状況を深刻にしています。

人口減少と高齢化がもたらす経済問題は似ていますが、異なる部分もあります。高齢化がもたらす経済問題は、総人口のうちの高齢者の人口増加に起因する問題か、現役世代との関係から生じる世代間移転の問題に大別できます。代表的な世代間移転の問題としては年金問題があり、現役世代が高齢世代を扶養する賦課方式の年金システムの下では、高齢化が進むと現役世代の負担は増大します。医療や介護についても同様の世代間移転問題があります。

また、高齢化は貯蓄率の低下をもたらします。これは、高齢者が多くなると、現役世代にとってはその分高齢者に対する年金・医療・介護などの支出が増えることになるので、貯蓄額が減少するからです。また、高齢者は現役時代に貯蓄したお金を切り崩して生活するので、高齢者の増加はこの点でも貯蓄率を低下させます。このように高齢化は家計貯蓄率を押し下げるように作用しますが、このことは全体の貯蓄率を押し下げ、その結果企業の投資を抑制するように作用します。貯蓄は投資の重要な源泉となるからです。そして、企業の投資が減少すればその分設備投資が抑制されるため、結果として資本蓄積は停滞します。高齢化はさらに、深刻な空き家問題や火葬場不足の問題なども生じさせます。

人口減少と高齢化はともに労働力不足の問題も引き起こします。労働力を「労働力人口」として定義するならば、労働力人口は以下の式により計算されます。

〈労働力人口＝15歳以上人口×労働力率〉

労働力人口は、現在働いている就業者に、いまは働いていないが就職活動をしている失業者を足したものなので、潜在的な労働力も含む概念です。

高齢者の多くは働いたり就職活動をしないので、高齢化は15歳以上人口（労働可能人口）に占める労働力人口の割合、すなわち下辺第2項の労働力率を減らすように作用します。また、人口減少は直接的に下辺第1項の15歳以上人口を減少させるように作用します。このようなメカニズムにより、高齢化、人口減少は労働力不足を引き起こします。この場合、政策的に女性や高齢者の労働市場への参入を促すなどして、労働力率を押し上げることにより、短期的には労働力人口を増やすことができるかもしれません。

また、人口減少は消費を減らす問題も引き起こします。国全体の人口が減れば、その分国全体の消費支出も下がってしまうというわけです。ただし、魅力的な商品・サービスを開発することにより、お金持ちにより多く消費してもらい、1人当たりの消費額を増やすことができれば、人口が減ってもある程度まで全体の消費を増やすことも可能です。しかし後述するように、女性や高齢者の労働力率の押し上げも、1人当たりの消費額の押し上げも、長期的に持続することは難しいと考えられます。

このように、人口減少・高齢化は労働力や資本不足といった供給制約と、消費を減らすといった需要制約を引き起こします。すなわち、需要・供給のふたつの側面から経済を縮小させるのです。しかし、人口減少は長期的には国力の低下を引き起こすというもっと大きな問題を生む可能性があります。国力とは、経済力だけでなく、文化芸術を創造する力、国際貢献する力、軍事力など様々な観点から捉えることができるので、それが低下すれば国の存続自体が危ぶまれると言っても良いでしょう。人口減少とは、究極的には年齢に関係なく国を支えるすべての人口規模が縮小する問題なのです。

問題を地域の視点から捉える

人口減少や高齢化問題は、地域の視点からみると、また新しい側面が現れます。まず、地域レベルでみると、人口減少と高齢化が国全体よりも深刻である自治体が存在します。例えば、秋田県の高齢化率は、総務省統計局「人口推計」を用いて計算すると、2018年で36・5%と全国水準の28・1%を上回っています。また、秋田県で人口減少が始まったのは1957年であり、全国で人口減少が始まった2005年よりもはるか昔です。

一方、大都市圏の高齢化率は低く、人口減少もまだ始まっていないか、もしくは始まっていても程度はまだそれほど深刻ではないのが現状です。特に、東京都には地方から多くの人口が集まってくるため、例えば2018年の高齢化率は23・1%と全国水準を下回り、2017年から2018年までの人口増加率は7・2%と依然として高い水準を誇っています。しかし、将来的にみると東京都も人口減少や高齢化と無縁ではありません（⇒■河合雅司『未来の年表』）。その理由は、東京都の合計特殊出生率（1人の女性が生涯産む子どもの数）が例えば2017年で1・21と、全国水準1・43と比べても非常に低い水準であることに起因します。

たしかに、東京圏には多くの企業の本社が集まり、働き口もたくさんありますから、地方から多くの人口が流入してくるのは当然と言えます。ですが、東京圏の子育て環境はそれほど良い状況とは言えません。東京圏では、待機児童問題が物語っているように保育所等の数が不足し、また地方と比較すると子育てコストが高くなっています。未婚率も高い状況です。こうした環境で出産・子育てを行うことはそれほど容易ではなく、そのために出生率が非常に低い水準になっているのです。

東京圏は現在地方からたくさんの人口を吸収していますが、出生率が低く人口再生産が十分になされないため、将来的には東京圏も高齢化し、人口も減少することが予想されます。東京圏の全国における人口ウェイトは大きいので、その人口減少は日本全体の人口減少に大きく寄与します。このように人口の地域間格差は、人口減少問題の原因ともなり得るのです（⇒■増田寛也〈編著〉『地方消滅』）。

悲観論と楽観論

さて、みてきたように人口減少や高齢化は様々な経済問題をもたらしますが、これについては悲観論と楽観論が存在します。

悲観論には、どちらかというと人口学者が傾倒しがちです。人口学とは、人口変動そのものの動きや、人口変動と広い意味での社会経済との関係を分析する学問分野ですが、それが分析対象とする期間はとても長いです（⇒■河野稠果『人口学への招待』）。経済学者はだいたい中短期的な視点に立つことが多いのですが、人口学では長期的な視点に立つ場合が多いのが特徴です。将来については、100年先、時には1000年後の日本人口を予測する場合もあります。現在の日本の合計特殊出生率は1・4程度ですが、移民の受け入れが変わらない状況で現行の出生率水準のまま進むと仮定すれば、西暦3000年には日本列島の人口は約2000人まで激減するという予測があります。このようなことを考える人口学者の視点は悲観的になりがちです。

悲観論は、人口減少は科学技術の進歩を停滞させてしまうので、人口減少下で科学技術の進歩を促進させることは難しく、現状の経済水準を維持するためには、少なくとも少子化対策により合計特殊出生率を人口置換水準（人口を一定に維持できる水準のことで、現在の日本は2・07）にまで上昇させるか、もしくは大量に移民を受け入れることにより人口減少自体を止めるしかない、という立場をとります。

他方、楽観論に対しては、どちらかというと経済学者が傾倒しがちです。楽観論では、科学技術を進歩させることにより人口減少や高齢化が経済に及ぼすマイナスの影響を打ち消すことができると考えます（⇒📕吉川洋『人口と日本経済』）。たしかに、日本の生産性には上昇の余地があることを考えると、この考え方にもある程度まで妥当性があると言えます。

人口減少・高齢化と科学技術の進歩

人口問題や高齢化問題についての見解が悲観論と楽観論に分かれるのは、主に科学技術に対する考え方が異なるからです。すなわち、人口減少や高齢化が起きても科学技術を進歩させることができるかどうか。この点についての考え方が異なるのです。

悲観論では、人口減少が生じると科学技術の進歩は停滞するという考え方をとります。これは、例えば人口規模が大きいほど優れたイノベーターが発生する可能性が高まるという考え方に依拠しています。この考え方に基づくならば、人口が減少すると優れたイノベーターが減ることになり、結果として科学技術の進歩は停滞すると考えられます。さらに、高齢化は新しい科学技術に慣れにくい高齢者を増加させるので、人口構造が若い頃と比較すると、科学技術の普及は停滞すると考えられます（⇒📕加藤久和『人口経済学』）。

また、先に示したように、高齢化の進行は貯蓄率の低下をもたらしますが、このことは企業の投資の抑制を通じて資本蓄積を停滞させます。その結果、仮に優れた科学技術が開発されたとしても、それが十分に経済活動に「体化（embodied）」されることを難しくするかもしれません。

他方、楽観論では、高齢化や人口減少が生じても科学技術を進歩させることが可能であると考えます。この楽観論の背景を推察すると、科学技術の進歩を決定する要因は人口だけではないという考え方が存在していると思われます。例えば、教育水準を上げたり職業訓練を充実させることで優れたイノベーターが発生する可能性を高めることにより、人口減少下であっても、ある程度までなら科学技術の進歩を達成することはできるかもしれません。

悲観論と楽観論のどちらに軍配が上がるのでしょうか。これはひとえに、人口減少が優れたイノベーターを減少させることを通じて科学技術の進歩を停滞させる効果と、優れたイノベーターの発生率を上昇させることで科学技術の進歩を促進させる効果のどちらが大きいかにかかっています。数百年単位の超長期で考えるならば、悲観論の考え方の方が妥当性は高いと考えられます。この理由は、現状の出生率の水準のまま進めば人口は激減しますが、優れたイノベーターの発生率を押し上げることには限界があるからです。また、超長期においては、女性や高齢者の労働力率を上げることで労働力人口を増加させたり、1人当たりの消費額を増やすことで全体の消費額を増やすことも難しくなる可能性が高いです。この理由も、人口が激減する力の方が強いと考えられるからです。

したがって、超長期で見るならば、現状の経済水準を維持するためには、少子化対策により出生率を人口置換水準にまで押し上げるか、もしくは大量の移民を受け入れることにより人口減少を止めるかのいずれかしかないと考えられます。移民の受け入れは現在その可能性が不明ですので、現実味があるのは実際に行っている少子化対策を強化することとなるでしょう（⇓■阿部正浩〈編著〉『少子化は止められるか？』）。

ただし、強調しておきますが、あくまで出生率を人口置換水準まで上げないと意味がありません。現在、政府は希望出生率1・8を目標としていますが、これは人口置換水準を下回っているので、人口が激減する時期を先延ばしにするに過ぎません。現在の日本の出生率の水準や少子化対策の現状をみる限り、人口置換水準まで出生率を押し上げることは容易ではありませんが、目指すべき重要な目標です。

以上のように、人口問題・高齢化問題については、悲観論と楽観論が存在します。これらをよく理解するためには、人口学の知識が必要不可欠になります。

BOOK

40

地方消滅：東京一極集中が招く人口急減

増田寛也〈編著〉（中公新書、2014年）

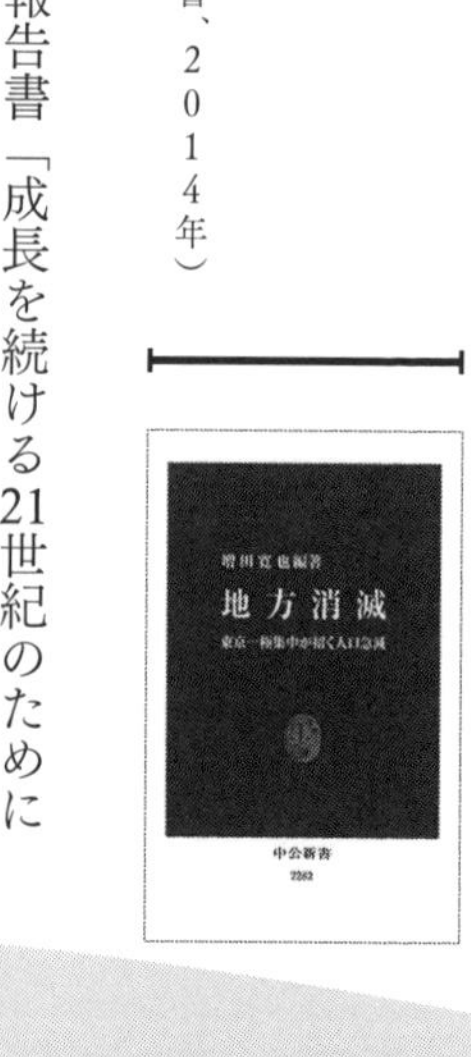

本書は、編著者の増田氏を座長とする日本創成会議の報告書「成長を続ける21世紀のために『ストップ少子化・地方元気戦略』（増田レポート）」の内容を主に取りまとめたものです。本書の社会的意義はふたつあると考えられます。第一は、人口減少が深刻な問題であることを世に知らしめたこと、第二は、地方創生に対する取り組みを世の中に浸透させるきっかけになったことです。

本書の主なポイントのひとつ目は、東京一極集中がもたらす問題を提示したことです。ここでは、東京一極集中がこのまま続くと、いつか東京圏だけ生き残る「極点社会」が到来することが示されています。東京圏では、今後は高齢者対策の費用が急増し、子育て支援など少子化対策に投入する財源にも限界があるため、そこで出生率を押し上げることは難しく、地方圏から若者が集まっても人口再生産を行うことは容易ではありません。しかし、東京圏の人口ウェイトは大きいので、日本全体の人口減少を牽引してしまいます。この意味において、東京圏はまるでブラックホールのようだと書かれています。

ふたつ目は、東京圏に人口を押し出す地方圏の多くが消滅可能性都市になると予測したことです。本書では、2040年までの間に約5割の自治体において20～39歳の女性人口の割合が5割以下に低下すると予測していますが、この約5割の自治体、数で言うと896もの自治体を消滅可能性都市と名付けたのです。ここで20～39歳の女性に着目しているのは、この年齢層の女性が人口再生産の主な担い手と考えられるからです。この年齢層の多くの女性が東京圏へ流出すると考えられているので、その自治体では人口を維持することが困難になります。消滅可能性都市とは、人口を維持することが困難であることが見込まれる自治体ということになります。

そして三つ目は、以上のような東京圏と地方圏とのいびつな関係を解消するための処方箋を提示したことです。東京圏と地方圏のいびつな関係が生じるのは、東京圏では子育て環境が良好ではないが、地方圏と比べると雇用環境が良いため、人口が地方圏から東京圏へ流出してしまうからです。そこで提案されているのは、端的に言って、地方中核都市に資源や政策を集中させ、地方が踏ん張れる拠点をつくることです。地方に拠点ができれば、そこに人口が流入することで地方の人口減少に歯止めをかけることができ、東京一極集中が是正されることが期待されます。

本書は、東京一極集中がもたらす問題と、それを克服するための処方箋をわかりやすく解説した良書であり、人口学を学ぼうとする者にとって有益な書籍です。

BOOK

41

人口と日本経済：長寿、イノベーション、経済成長

吉川洋（中公新書、2016年）

本書で主張される結論を一言で言ってしまえば、経済成長は人口によって決まるのではなく、イノベーションによって引き起こされるので、人口減少は経済に対してマイナスの影響は与えないというものです。ここに、経済学的な楽観論が示されています。本書は、著名な経済学者が、このような観点から人口と日本経済との関係をわかりやすく解説しています。

この楽観的な考え方の根拠として示されているのは、過去から現在までの日本人口とGDPの推移を比較した時、GDPと人口の増加はほとんど関係がないと言って良いほど乖離していることです。経済成長と人口増加の乖離は労働生産性の上昇を表しており、それは新しい設備や機械を投入する資本蓄積と、広い意味での技術進歩すなわちイノベーションによってもたらされるとしています。すなわち、経済成長を規定しているのは労働力人口の増加ではなく、労働生産性の伸びだということです。そしてこのことは、高度経済成長期とオイルショック以降の低成長期において、労働力人口の平均成長率にほとんど違いがないことからも明らかだと述べています。

筆者はまた、経済成長における需要の側面にも着目しています。人口減少は他の条件が同じ

であれば消費を減らすように作用しますが、高い需要の成長を見込める新しいモノとサービスを誕生させるプロダクト・イノベーションを引き起こせば、消費を増やすことができます。このことを噛み砕いて言えば、人口が減っても、企業が魅力的な商品・サービスを提供することで1人当たりの消費を増やすことができれば、全体の消費の増加につなげられるということです。

すなわち、イノベーションを起こすことにより、人口減少によってもたらされる供給・需要制約をともに打ち破ることができるというわけです。

本書ではまた、イノベーションの役割として、平均寿命を格段に伸ばしたことにも触れています。すなわち、日本における戦後の平均寿命の伸びは著しく、それはプロダクト・イノベーションの結果として生まれた様々な商品・サービスから大きな影響を受けています。そこでは、優れた医療技術や医薬はもちろんのこと、栄養価の高い食料品から、冷たい北風を遮るサッシ、断熱効果の高い壁、交通手段の発達まで、幅広い商品・サービスが寿命の伸長に貢献したことが示されています。

本書は科学技術の進歩、言い換えるならば人類の英知に非常に大きな期待を寄せています。経済学的な楽観論は、中短期的なスパンでしか作用しないかもしれませんが、人口変動と経済との関係を学ぶ上で重要な視点を提供してくれます。

BOOK

42

人口経済学

加藤久和（日経文庫、2007年）

日経文庫
人口経済学
加藤久和
日本経済新聞出版社

人口変動と経済との関係を分析する学問分野を人口経済学と言います（経済人口学と呼ぶ場合もあります）。人口変動そのものの動きや、人口変動と広い意味での社会経済との関係を分析する学問分野を人口学と呼びますが、これを経済学の観点から分析する分野が人口経済学ということになります。本書は、その人口経済学をわかりやすく解説した良書です。

本書ではまず、T・R・マルサスからゲーリー・ベッカーまでといったように、人口経済学の歴史がまとめられています。ここで重要なのは、本来、所得水準が上がれば子どもの数が増えるはずなのに、実際は逆に子どもの数は減るというパズルを解いたベッカーの理論の紹介です。ベッカーは、子どもの量と質を用いて説明します。すなわち、所得水準が上昇した際に、質に対する需要よりも量に対する需要が強まれば子ども数は増えるが、逆であれば子ども数は減ることになります。

また、ハーヴェイ・ライベンシュタインの考え方も重要です。ライベンシュタインによると、子どもを持つことには効用と不効用があると考え、前者が後者を上回ると子ども数は増え、逆の場合子ども数は減ることになります。子どもの効用とは、消費効用（子どもを持つことによる喜び）、労働効用（労働力として世帯所得に寄与することによる効用）、保障効用（両親が高齢になった時の生活保障としての効用）の三つであり、不効用とは子どものコストのことです。ベッカーとライベンシュタインが唱えた考え方は、今日における日本の少子化の原因を考える上で非常に重要です。

また、人口減少が科学技術の進歩に直接影響を与える重要なメカニズムについても解説がなされています。サイモン・クズネッツやジュリアン・サイモンの考え方を引き合いに出し、人口の総数が多いほどその中から優れたイノベーターが生まれる可能性が高くなり、また相互の知的交流の機会も増えることで科学技術の進歩が促されるとしています。この場合、人口が減少すると科学技術の進歩は停滞します。また、人口減少の問題として規模の経済喪失効果と創造性喪失効果を挙げています。前者は、労働力人口の増加率が低下することで集団的な力が低下するというもの、後者は労働力人口の減少とそれに伴う若年労働力の減少により、若年層が持つ創造性や積極性が全体的に乏しくなるというものです。これらも科学技術の進歩を停滞させます。

他にも、本書では人口減少・高齢化と労働力や社会保障制度との関係、結婚行動の決定要因、少子高齢化・人口減少時代における政策論などについても言及がなされています。

このように、本書は様々な角度から人口経済学について書かれたものであり、これから人口変動と経済との関係を学ぶ者にとって入門書として活用できるでしょう。

BOOK
43

未来の年表：人口減少日本でこれから起きること

河合雅司（講談社現代新書、2017年）

本書の特徴は、2017年から約100年の間に、少子高齢化・人口減少によっていかなる社会経済問題がもたらされるかを年代順に示したことです。中でも注目すべきは、2025年に東京都で人口減少が始まることと、2045年に東京都民の3人に1人が高齢者になることです。現在、東京都は全国の中でも高齢化率が相対的に低く、人口も増えています。こうした東京都でさえも、将来は高齢化が深刻化し人口減少が起こることを考えると、将来日本で起こる人口減少、高齢化がいかに深刻な状況であるかがわかります。本書を読めば、これから生じる様々な人口問題・高齢化問題を具体的に理解できます。

BOOK
44

人口学への招待：少子・高齢化はどこまで解明されたか

河野稠果（中公新書、2007年）

人口学について、専門的な要素を入れつつ初学者にもわかりやすく解説する名著です。経済学だけでなく、社会学、生物学といった要素も含んでおり、この一冊で人口学のすべての基礎知識を習得できると言っても過言ではありません。

人口統計の基礎について解説する第1章、死亡、出生の統計指標について解説を行っている第2章・第3章、少子化の原因について解説が行われている第4章から第7章、将来の人口や出生率の推計について解説が行われている第8章・第9章と多岐にわたっています。人口学の基礎を本格的に学ぼうとする者にとっての必読本です。

BOOK 45

現代人口学：少子高齢社会の基礎知識

阿藤誠（日本評論社、2000年）

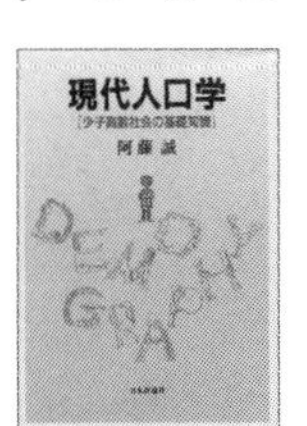

本書の特徴は、人口学を主に社会学の観点から論じたことと、世界の人口問題を対象としたことです。例えば日本の少子化の原因を、独身貴族、フェミニズムといった社会学的な観点から説明しています。経済学だけでは少子化の原因を十分に明らかにすることはできません。

また、地球人口と持続可能な開発、先進国と途上国の人口問題、人口問題に対する世界的取り組み、国際人口移動といった問題にもページが割かれています。先進国に目を向ければ、人口減少・少子高齢化一色ですが、途上国ではいまだに高出生、人口増加に悩まされている国もあります。経済学の枠組みからさらに視野を広げて勉強したい人に。

BOOK 46

少子化は止められるか？：政策課題と今後のあり方

阿部正浩〈編著〉（有斐閣、2016年）

日本において、少子化対策に対する関心は高まっているものの、少子化対策の効果について正面から取り組む分析が充実しているとは必ずしも言えない状況にあります。本書は様々な角度から少子化対策の背景やその効果について論じており、今日的意義の大きい意欲的な書籍です。

子どもを持つことによる生活満足度や結婚の観点から少子化対策を考察するとともに、企業や中央・地方政府における少子化対策の効果を定量的に明らかにしています。

政府は様々な少子化対策を行っていますが、効果がどれだけあるのかはまだわかりません。本書は、こうしたことを考える際の重要な材料となるでしょう。

小さくても
魅力あふれる
「地域経済」の育て方

奥山雅之

「地域」から経済を考える

地域とは何か

地域経済に興味を持つきっかけは、もしかしたら「旅行が好き」とか「将来、ポツンと一軒家で暮らしてみたい」というものかもしれません。「住む場所」「働く場所」「遊ぶ場所」そして「故郷」――人は皆、地域と無縁ではいられません。「地域」にはそれぞれの表情があり、その魅力も様々です。

そもそも「地域」という言葉は様々な意味で使われ、曖昧さを伴います。国内のある部分を「地域」と呼ぶこともあれば、「東アジア地域」などいくつかの国を束ねたものを「地域」と言う場合もあります。つまり、全体からみた部分を「地域」と呼んでいるのです。日本を全体とみれば都道府県や市町村が「地域」、アジアや世界を全体とみれば東アジアや南アジアが「地域」となります。ただし、アジアや世界をみていく分野としては「国際経済」がありますので、ここでは狭義の地域経済、つまり一国の中の部分を「地域」と表現することにします。

また、都道府県や市町村のような行政の境界をもとに「地域」が決められる場合もありますし、通勤圏や日常生活の行動範囲を「地域」とする場合もあります。多くの書籍や研究では前者を「地域」としていますが、それは行政の境界で決めた地域のほうが統計データが把握しやすいという利点があるからです。

地域の違いはどうつくられるのか

地域をみていくと、ひとつの素朴な疑問が生まれてくるでしょう。それは「なぜ、地域ごとに産業が違うのか」ということです。たしかに、漁業は港のある場所に、炭鉱は鉱山のある場所に立地し、農作物もそれぞれの気候風土に適したものがつくられているということについては直観的に理解できます。では、なぜＩＴ系企業が渋谷に多く立地しているのか、なぜ東京都大田区や東大阪市に町工場が集まっているのか、なぜ上野近くの「アメ横（アメヤ横丁）」には同じような店が数多くあるのにつぶれないのか、などと考えると疑問が限りなくわいてきます。

こうした産業の立地をめぐっては、企業、国、そして各地域の思惑が複雑に交錯します（⇒📕川端基夫『立地ウォーズ』）。企業からみれば「自社の本社や工場をどのように配置するのか」、国からみれば「国土を産業のためにどのように利用すべきか」、各地域にとっては「どのような産業に立地してもらえれば、地域の経済は豊かになるのか」ということになります。

一般的に企業は自由に立地を選ぶことができますので、企業は常に自分のオフィス、工場あるいは店舗をどこに置けば収益が上がるかを考えて立地を決定します。製造業の工場であれば、人材が集まりやすい東京にするか、広い敷地がある北海道にするか、あるいは人件費が安いアジア諸国に立地するか悩むでしょう。小売業や飲食店であれば、人通りの多い駅前なのか、車でアクセスしやすいロードサイドなのか、あるいは地価の安い路地裏でお店を開くのかは、客の入りを決める重大な選択となります。企業がどこに立地するかによって各地域の産業の違いが現れ、それが「地域の表情」になっていくのです。

地域格差はなぜ生じるのか

日本でも地域格差が大きな問題となっています。2014年に日本創成会議の人口減少問題検討分科会が発表した「増田レポート（通称）」では、896もの市町村が消滅の可能性があるとされました。これは、日本にある市町村の約半分にあたります。たしかに、地方の市町村を歩くとシャッターが閉め切られた商店街、廃線となった鉄道やバスが目立ちます。仕事の種類が少なく、買い物する店も限られ、高齢化とあいまって「買い物弱者」「買い物難民」という言葉で表現される不便さを余儀なくされる人々も増えています。このような状況にある地方からみれば、「東京一極集中」「東京ひとり勝ち」という恨み節にも切実な思いが込められているのです。

経済学の理論に従えば、高所得の地域と低所得の地域があったとしたら、より高い給料を求めて低所得の地域から高所得の地域へと人が移動し、労働市場の需給が調整されて、所得格差はなくなるはずです。また、交通網もインターネットもこれだけ発達していて、どこでも仕事ができ、宅配を使えば生活に必要な商品も手に入るのだから、人口の面でも都心と地方が平均化されてもよいと思いませんか？　しかし実際には、東京圏に人口が流入し続ける一方、都道府県別の最低賃金の差にもみられるように、所得格差も解消されていません（⇒■E・モレッティ『年収は「住むところ」で決まる』）。経済や技術が発展しているにもかかわらず、なぜ、地域は均等化せず、格差はなくならないのでしょうか。

長い目でみれば地域格差は広がるのか、あるいは縮まるのかについては、経済学者の間でも見解が分かれますが、近年では「市場の力に任せておけば、格差は広がる方向にある」という説が有力です。その考え方のひとつがグンナー・ミュルダールという学者によって明らかにされた「累積的因果関係」というものです。

これは次のように説明されます。まず、地域に新産業が創出されると、そこで雇用が生まれるだけでなく、それによってつくられた製品を使いたいという企業と、その製品やサービスをつくるために必要な部品を提供したいという企業が出現し、雇用が生み出されます。雇用が新たに発生すれば、労働者の所得の向上と、高い所得を見込んだ人材の流入が実現し、人口が増加します。あわせて税収も増え、病院や学校などのインフラも整備されます。こうした人口の増加やインフラの整備が企業にとってますますその地域の魅力を高め、さらに企業が流入し、新たな創業者が出現します。企業が増加すれば、そこにイノベーションが起き、また新しい産業が発生します。まさに「集まるところにますます集まる」という循環が生まれるわけです。

一方、「ひとり勝ち」と揶揄される東京も大きな問題を抱えています。例えば都心の前近代的な「通勤ラッシュ」は、いまだに解決の道筋がみえません。また日本国内では「ひとり勝ち」であっても、上海やシンガポールといった他国の大都市との国際的な立地競争があり、これに敗れれば、企業は他都市へと流出してしまい、成長は見込めません。東京も、優秀な人材をめぐって他国の大都市とグローバルな競争を繰り広げているのです。

今、経済を豊かにするためには、大量で効率的な生産ではなく、イノベーションが重要性を増しています。これに伴い、立地競争の焦点は「企業」や「工場」から「人材」に移ってきていると言われています。イノベーションは、結局「人材」の創造性によって生み出されるからです。これは都市だけでなく、地方も同様で、これからの地域発展のポイントは「人材」であると言えるでしょう。従来の工業中心の世界では、企業を誘致すればそこに雇用の場が生まれ人が増えるという流れで地域を発展させようとしていましたが、今後は、イノベーションを起こす可能性が高い人材に地域と関わりを持ってもらうことによって、その力を活用したイノベーションを生み出したい企業が集まってくるという流れになります。これに従えば、地域は「企業の誘致」ではなく「人材の招へい、育成、定着」に力を入れるべきでしょう。

企業からの視点だけではなく、生活者、労働者としての私たちの視点から地域をみるのも「地域経済学」の役割です（⇒📖佐藤泰裕『都市・地域経済学への招待状』）。企業立地の地域差や産業の偏在は、やがて貧富や人口増減などの地域格差となって現れます。地域格差をどのように考え、社会全体の豊かさをいかに実現するかという社会的課題の解決は、地域経済を学ぶ究極の目的とも言えるでしょう。

地域空洞化から個性の創出へ

歴史を振り返ってみると、日本における20世紀の地域政策は「国土の均衡ある発展」がキーワードでした。1987年までの四次にわたる「全国総合開発計画」がその役割を果たしました。戦後復興あるいは高度成長の中で、地方への工業立地を促進させるため、工業団地や工業用水などのインフラを整備するとともに、都心への立地規制の強化や地方移転の際の税制優遇などを講じて、太平洋ベルト地帯や臨海部に集中する工場を地方へと分散させていくという政策を国は積極的に実施しました。「都心への出稼ぎ」という深刻な問題を抱える地方もこれに応え、熱心な企業誘致活動を繰り広げ、一定の成果を上げたのです。

一方、「均衡」の名の下で実施された国の手厚い財政的支援や公共工事は、地域自らの発想と努力によって地域を発展させようとする力を弱め、地域の自立的な発展を阻害する要因にもなりました。企業誘致により雇用が増えたことに安住し、必要な時期に必要な危機意識が生まれなかった地域もありました。ところがその後、安価で豊富な労働力を求め、地方に立地した工場の多くはアジア諸国へと移っていったのです。このような現象を「産業の空洞化」と呼んでいますが、「産業の空洞化」の影響を受けたのは、すでにサービス業が中心となっていた東京などの大都市ではなく、誘致した工場に雇用や税収を頼っていた地方だったのです。

補助金による誘致合戦は、たしかにその地域の雇用や税収を増やすかもしれませんが、ある地域から別の地域へと企業を移転させるだけであれば、日本全体でみれば公共部門から企業部門への補助金の移転にすぎません。地域ごとに「地域をこのように発展させるために、このような企業を誘致する」といった明確なビジョンや誘致ターゲットを持っていなかったため、地域産業の成長につながりにくかったのです。

そもそも「均衡」とは、「ふたつ以上の物・事の間に釣り合いがとれていること」であり、すべてにおいて差のない「均一」を意味する言葉ではありません。国も近年、「国土の均衡ある発展」が、必ずしも国土の多様性を否定するものではないと弁明しています。しかし、「均衡」ありきの政策が個性のない地方をつくり出し、結果として国の意図とは逆の「東京への一極集中」を生み出してしまった要因のひとつであることは否定できません。

今や、国と地方が抱える借金、正確には国債や地方債などの長期債務残高の合計は約1100兆円（2018年度末）と、天文学的数字となっています。もはや国の財政支援や公共工事に頼ることが難しくなっているのです（⇒■兼村高文・星野泉『自治体財政がよくわかる本』）。そこで1990年代後半からは、国が「均衡」というお題目のもとに「金太郎飴的な」地方をつくるのではなく、地方が地域の実情に応じて創意工夫を凝らし、自主性・独自性を活かして地域づくりに取り組むことが重視されるようになりました。「地方が主役、国はサポート役」の地域づくりです。地域の経済循環を太くするためには、他の地域への製品やサービスの販売（移出）を増やし、他地域から購入しているものを地域内生産に切り替えて他地域からの購入（移入）を抑えることが有効です。そのためには、各地域の地域資源（地域特有の農林水産物、長年蓄積された技術、観光資源など）を見つめなおし、地域外の人材とも関係をつくりながら（「関係人口」づくり）、地方の良さを活かした地域づくりをすすめていくことが重要です（⇒■枝廣淳子『地元経済を創りなおす』）。

また、地方の歳入は国からの地方交付税によって支えられていますが、地方交付税で多くを賄う道府県と、地方交付税をもらっていない東京都とでは考え方が異なるのも当然です。財政が豊かでない県は、限られた財源の中でやりくりしながら将来に向けた財政投資をしていかなければなりません。他方、歳入に占める法人二税（法人住民税と法人事業税）のウェイトが高い東京都では、国による税配分基準の変更やふるさと納税制度によって、1989年度から2019年度までに約7兆円もの税収減があったと試算し、「東京対地方」という構図ではなく、国から地方への財源移譲が必要であると主張します。

こうした財政格差をどのように調整するかという問いに対する唯一の正答はありませんが、少なくとも地方創生や地域の再生はけっして地方だけの問題ではないということは言えるでしょう。地方の経済が立ち直り、豊かにならなければ、東京も地方交付税や税の分配基準の変更を通じて負担が増すからです。今こそ、都心と地方が一緒に、地域経済の在り方について考えていく時期に来ているのではないでしょうか。

BOOK

47

改訂版 立地ウォーズ：企業・地域の成長戦略と「場所のチカラ」

川端基夫（新評論、2013年）

企業にとって、どこに立地するか、すなわち場所の選択は重要な経営課題です。こうした企業の立地のメカニズムを解明しようとするのが、「地域経済」の中の「産業立地」という分野です。本書は、「産業立地」の理論を「場所のチカラ」というキーワードを使ってわかりやすく解説しています。

基礎的な経済学の前提に立てば、企業は利潤最大化をめざして行動する主体ですので、自らの本社や工場の立地は、その目的に沿うように決めることになります。「場所」は、こうした行動原理を持つ企業に対して三つの「チカラ」を与えることができます。それらは、（1）人件費や商品の輸送費などを節減する「費用節減のチカラ」、（2）市場の近くに立地して顧客を惹きつける「収入増大のチカラ」、（3）その場所に立地することで与えられるブランド力や新しいものを生み出す力、すなわち「付加価値増大のチカラ」です。

企業はこれら三つのバランスを考えながら立地を選択します。立地する「場所」によって収益性や成長力が異なってくるというわけです。例えば自動車大手のトヨタは、愛知県に立地する多くの自動車部品の下請け企業群があるという「場所のチカラ」に支えられて世界市場での競争力を高めていると考えることができます。

一方、企業の立地により「場所」の方が変わっていくという現象もみられます。本書ではそれを「立地創造」と表現します。今は「場所のチカラ」がそれほどない地域でも、あえて企業がそこに立地し、自ら「場所のチカラ」を創造していくこともできるのです。先のトヨタの例で言えば、トヨタが長年かけて愛知県の「場所のチカラ」を創造し、他の製造業にとって魅力的な場所となったという見方もできるのです。

また、企業はひとつの場所にすべてを立地させなくてもよいのです。本社、工場、支店、営業所など、企業内の部門や機能を分割し、立地を分散させることができます。例えば、本社は最も情報が集まる東京に、営業所は顧客の求めに応じてすぐに駆け付けられるように他の道府県にひとつずつ配置することも可能です。この時、企業はそれぞれの「場所のチカラ」に応じた立地を考えますので、その結果、それぞれの場所の産業的な特徴が際立つことになります。実際には、東京には本社が集中し、仙台や福岡などの中核都市には大企業の支店が数多く立地しています。これが、それぞれの「地域の表情」をつくり出すというわけです。

なお、本書は「ポーターのダイヤモンドモデル」や「ハフモデル」など、地域経済に関わる有名な理論のエッセンスがコラムという形で短くまとめられており、読み進めていくことで、基礎的な理論の概要が理解できるようにもつくられています。

BOOK

48

年収は「住むところ」で決まる：雇用とイノベーションの都市経済学

エンリコ・モレッティ（プレジデント社、2014年）

「えっ！　年収は住むところで決まってしまうの？　日々の努力はどうなるの？」と叫びたくなるほど衝撃的なタイトルですが、本書は思い付きではなく、データを使い、同じような仕事でも地域によって年収に差があること、年収には学歴よりも住所のほうが重要であることを明らかにしています。いったい、住むところと年収との関係はどのようにして生まれるのでしょうか。

本書は、年収の地域格差が発生するメカニズムを、豊富な事例に基づいて詳細に説明しています。一例を挙げてごく簡単に紹介すると、まず、ある地域にイノベーションが起こり、イノベーションが企業の付加価値を飛躍的に高め、それが社員の賃金を上げるとともに、新たな雇用を生み出します。すると、賃金上昇や新たな雇用により、レストランやヨガなど地域内の高価格なサービスの消費が増えます。さらに、それがヨガのインストラクターなど地域内のサービス従事者の所得を増やします。結果として、同じヨガのインストラクターでも、イノベーションが起こる地域とそうでない地域とでは年収が大きく違ってくることになります。また、この前提条件として、イノベーションの拠点はひとつのシステムになっているため簡単に移動できないこと、また低所得者は地元志向が強く高所得地域への移動が少ないことがあります。

しかし本書は、地域格差のメカニズムを解説するだけにとどまっているわけではありません。犯罪多発地区であったニューヨークのハーレムが高級化（流行りの言葉では、これを「ジェントリフィケーション」と言います）に成功した事例を挙げ、伝統的建物を残しながらの再開発や治安改善など、貧困地域から脱却するための具体的な方法にも言及しています。

本書は、「地域経済」の一分野である「都市経済」について書かれていますが、地方をはじめあらゆる地域の今後を考える上で大いに役立ちます。なぜなら、本書が主張したい最大のポイントは「産業革命や工業を前提としていた昔と、ＩＴ（情報技術）やサービスを中心とした現在では、『地域発展の方法』が大きく変化したこと」であり、この新しい方法論は都市以外にも応用できるからです。Ｂｏｏｋ47の「場所のチカラ」を使って説明すれば、「費用節減のチカラ」や「収入増大のチカラ」よりも、新しいものを生み出す力、すなわち「付加価値増大のチカラ」がますます重要になっているということになります。

本書を貫くキーワードは「イノベーション」です。今日では、イノベーションが活発な地域とそうでない地域との差は、その地域にある様々な仕組み（地域イノベーションシステム）の違いによるものと考えられています。そのため、地域の仕組みとイノベーションとの関係を解明する研究がさかんに実施されています。このような新しい地域経済の研究内容や理論を理解するための入門書としてもおすすめです。

BOOK

49

地元経済を創りなおす：分析・診断・対策

枝廣淳子（岩波新書、２０１８年）

「地方創生」という言葉は、テレビや本で幾度となく目にしたことがあると思います。もはや流行語とも言える状況かもしれません。言うまでもなく地方創生とは、東京一極集中を是正し、地方の人口減少に歯止めをかけ、日本全体の活力を上げることを目的とした一連の政策のことを指します。第二次安倍政権が２０１４年に「地方創生」を打ち出してから数年が経ちましたが、「豊かな場所にますます人が集まり、それでますます豊かになる」という流れの中で、地方の経済に立ち直りの可能性はあるのでしょうか。

本書では、地域経済の循環に着目し、地域経済を立ち直らせるひとつの有力な方法を経済学的に考察しています。それは「漏れバケツの穴をふさぐ」というものです。具体的には、地域に需要があるものの中から、地域外の産業に頼っているものを特定し、域内で生産できるものは域内で賄うようにすることです。そのために、地域でつくったものを地域で消費しようという従来の「地産地消」ではなく、地域内で需要が見込まれるものを地域でつくる「地消地産」というコンセプトを打ち出しています。例えば、学校給食に使う食材、エネルギーの自給自足をめざした発電事業、農林水産物の加工度を高める六次産業化、さらには特定の地域のみで流通する地域通貨などが「地消地産」にあたります。

ポイントは「域内調達」「域内消費」「域内所得」「域内投資」で、これらを通じて地域内でお金をグルグル回すことです。地域で生産する商品の部品や材料を地域内で調達し、商品を売ることで得た所得を使って、地域内で生産した商品を消費するとともに、新しく必要となった地域内の生産のために地域内のお金で投資します。こうすることで、一度地域内に入ったお金が最終的に外に出ていくまでに、何度も地域内を循環させ、地域経済を豊かにしようとするものです。そのためには、地域内外の産業間の経済的つながりを数値で表した「産業連関表」を用いて地域の波及効果を正しく調べることが必要です。本書はそのための手順もやさしく解説しています。

もちろん、もう一方では、地域の特産品などを地域外に移出して地域外からお金を稼ぐことも重要です。しかし、せっかく稼いだお金が「バケツの穴」のように地域外に漏れてしまっては、いつまで経っても地域の経済循環は太くならないというのが本書の主張です。地方創生、地域再生に興味があり、その基本的な方法論を学びたいなら、必読の一冊と言えるでしょう。

BOOK 50

都市・地域経済学への招待状

佐藤泰裕（有斐閣ストゥディア、2014年）

地域経済を本格的に知りたくなったら、いよいよ総合的な入門書を読むことになります。なかでもこの本は視覚的に理解できる良書です。人口、産業、住宅、地域間の取引（交易）、交通、地方政府と、地域に関わるトピックを体系的に学べます。経済学らしい数式も出てきますが、グラフが豊富でイメージをつかみやすいのが本書の特徴です。苦手な人は読み飛ばす代わりに、グラフを眺めて、そのグラフが意味する内容をイメージとして理解することをおすすめします。都市と農村間の労働移動や都市の混雑、家賃と部屋の広さの問題など、地域にまつわる身近な話題の背景となっている理論も丁寧に解説されています。

BOOK 51

地域経済分析システム（RESAS：リーサス）

内閣府まち・ひと・しごと創生本部
（https://resas.go.jp/#/13/13101）

知識のインプットだけでは物足りないという方は、リーサスにアクセスして、各地域の人口、産業、雇用、観光、財政などのデータを実際に作成し、分析してみましょう。例えば、メインメニューから産業構造マップの「全産業」を選び、都道府県や市町村を指定するだけで、Book47でみたような地域別の産業の特徴がグラフに表示されます。またBook49の「漏れバケツ」の度合いを調べる地域経済循環の分析も簡単です。メインメニューから地域経済循環マップ、地域経済循環図と進みましょう。この他、分析テーマに沿った様々な機能が実装されています。

BOOK
52

自治体財政がよくわかる本 改訂版

兼村高文・星野泉（イマジン出版、2018年）

地域経済を考える時、切り離せないのが「地方財政」の問題です。地方財政は、私たちの生活に密着した公共サービスを提供するための経済的な基盤であり、地域の再生や新しいまちづくりも「先立つもの」がなければできません。本書は、地方財政の入門書として、たいへんわかりやすく書かれています。国と地方の財政問題は公平性や効率性、財政健全化努力の引き出し方など様々な論点があり、万能な解決策はありませんが、いたずらに財政出動を拡大していくだけでは、本当の意味での地方再生はできないのです。本書をはじめとした財政の本もあわせて読むと、地域の経済をより立体的に理解することができるでしょう。

BOOK
53

地方経済を救うエコノミックガーデニング：地域主体のビジネス環境整備手法

山本尚史（新建新聞社、2010年）

「エコノミックガーデニング」は、立地企業の数を競い、開発と経済成長をひたすら追い求める「煙突の数の競争」ではなく、地域の中小企業を成長させることで地域活性化を図る手法です。庭で花を育てるように、地域の中小企業を地域全体で育て、それを基盤として地域を活性化しようとするものです。この本では、地域の内と外とを結びつける「コンシェルジュ」や中小企業でもアクセスできるマーケット情報の整備、地域内の様々な主体間のつながりなど、「エコノミックガーデニング」を実践するために必要なアイテムと手順をわかりやすく解説しています。

「環境と経済」を考えるためのレッスン

朴勝俊

「環境と経済」の関係を学ぼう

経済発展と環境破壊

有史以来、人類は、生命を守り受け継ぐために道具をつくり、建物を建て、自然を改変して世界のあちこちに進出してゆきました。文明の成立以前にも各地で、森林の破壊や砂漠化、マンモスなどの大型動物種の絶滅などが引き起こされてきたとみられています。

やがて産業革命が起こり、石炭や石油のエネルギーを用いて、自動化された工場で大量の機械をつくることが可能になると、自然を改変し、資源を収奪する人間の能力は加速度的に高まりました。当初は大英帝国が、国内外の資源と技術力を活かして工業化を進めましたが、間もなくフランスやドイツ、アメリカ等が、そしてしばらく時間をおいて日本が後に続きました。

イギリスについては、ロンドンのテムズ川の汚染による大悪臭事件（1858年）や、大気汚染で1万人以上が死亡したロンドンスモッグ事件（1952年）が知られています。日本では戦前からも足尾銅山鉱毒事件などの産業公害が各地で発生していましたが、戦後の高度経済成長期に発生した四大公害事件（水俣病、新潟水俣病、イタイイタイ病、四日市ぜんそく）によって、経済発展の負の側面に対する注目が集まり、ついに政治が動いて公害対策の法制化がなされました。その過程で失われた人たちの命は返って来ませんが、汚染物質の排出に関する法的規制や技術的な対策の効果もあって、国内の大気の質や水質は、これまでに大きく改善してきています。同様の環境改善は、先進国で共通してみられました。

その一方で、今、環境問題は地球規模に広がってきました。先進国が経験してきたのと同じような悲惨な公害事件が、遅れて工業化を進めたアジアや中南米、アフリカの国々でも順に発生してゆきました。そして、森林資源や鉱物資源の略奪も進み、現地の人々の生活にも大きな脅威を与えています（⇒■石弘之『私の地球遍歴』）。

もうひとつは国境を越える環境問題や、地球規模の環境問題と呼ばれるものです。公害問題の被害圏が国内におさまる場合、その国の政府によって対策が可能ですが、被害圏が国境を越える場合、複数の政府間の利害調整が必要となって対策が困難となりがちです。温室効果ガスを原因とする気候危機に至っては、２００もの国々の、そして70億人もの人類の間の利害調整は、いまだに達成されていません。

環境問題の社会科学的アプローチ

環境問題が、人類にとって対応困難な理由は、被害者も加害者も主に人間であるということでしょう。野生動植物の保護に関する問題では、人間は動植物にも被害をおよぼしていますが、どの生物種をどのように保護するかを決めるのも、人間にほかなりません。

公害問題の場合には、被害者が弁護士の力を借りて、加害者を裁判に訴えて救済を勝ち取るというように、法的なシステムが重要な役割を果たしました。しかし十分な法制度が利用可能ではない時代もありましたし、今でも利用できない社会があります。また、旧来の法律では裁けない問題の場合には、新たな立法が必要となります。日本で公害対策基本法ができたのも、公害問題が深刻化した後の１９６７年のことでした。

公害を防ぎ、環境を守る立法が成立するには、政治的なプロセスを突破する必要があります。産業公害の場合には、政治家たちに影響力のある企業が加害者の場合も多く、被害者を守る立法が遅れがちになります。気候危機の場合はより複雑で、化石燃料を利用する全ての人々が「加害者」であり、被害者にはその人々自身の他、国境や時代を超えた政治的な発言権の弱い人々が含まれるので、実効性のある対策は難しくなります。

技術的な対策が存在するかどうかも、立法の可能性に関わってきます。例えば工場の排出物や自動車の排気ガスに関わる公害対策の場合には、法律が公害対策技術の開発・普及を促進するという側面と、対策技術の実現可能性が法律の内容や厳しさに影響してきたという側面があります。

また環境対策には、経済的な側面も問われます。環境対策の費用（コスト）が便益（ベネフィット）より大きくないか、ということです。費用が便益を上回る場合、そんな対策は無意味だと判断される場合もあれば、貴重な人命や野生動植物種を守るために、かなりの費用がかかるものでも実施されることもあります。さらに、実際に成立した環境対策であっても、効果や経済性が事後的に検証される必要があります。

環境経済学とはどのようなものか

環境対策の費用と便益を検証し、有効な環境政策の在り方を提言することは、経済学の役割です。過去の経済発展の過程で悲惨な公害問題が多発したことから、「経済」が諸悪の根源だとか、「経済至上主義に反対だ」、「経済より命だ」という論調は今も根強くあります。しかし現在では、新技術の普及や規制など、効果的な環境対策を検討し、その実現を助ける上でも、経済学の知見が広く用いられるようになっています。例えば、合意形成を進めるために、気候変動対策が人々の生活や雇用にとってもプラスの効果をおよぼすことを、経済学を活用して示すことが必要不可欠なのです。

環境対策のために経済学を応用する学問分野は、環境経済学と呼ばれています（⇒■日引聡・有村俊秀『入門 環境経済学』）。環境経済学は、環境問題が多種多様で広範なのと関連して、それが扱う分野や手法も極めて幅広いものですが、いちばん基本的な部分について言えば、いわゆるミクロ経済学を環境問題に応用したものと考えて差し支えありません。おなじみの需要曲線と供給曲線による分析を応用したものや、費用便益分析、ゲーム理論、環境の価値を評価する手法（環境評価）などが用いられています。
こうした環境経済学の環境観はいささか人間中心主義的にみえるかもしれませんが、その冷徹な論理が、「一人ひとりが環境を守る気持ちを持ち、できることから始めよう」といった、素朴で常識的な発想からはたどり着けないような、洞察と解決策を示唆してくれることもあります。

経済学には「市場の失敗」という概念があります。通常の商品の生産・交換・消費については、競争的な市場が成立していれば、政府が介入せずに企業と消費者に任せることによって、必要なものが生産・消費されて「資源配分が最適」になるのに対し、市場の機能が不完全な場合には、資源配分の効率性がおのずと達成されることはない、という考え方です。環境問題と関わる「市場の失敗」としては、公共財（みんなが使えて、料金をとるのが難しいため、企業が自発的に供給しないもの）と、外部性（公害など、モノの売り手・買い手以外にも影響がおよぶもの）という、ふたつの概念が挙げられます。

環境との関連では、環境対策はまさに公共財ですから、企業に任せておけば勝手に行われるというものではありません。また、公害や環境破壊はまさに「負の外部性」であって、その原因のひとつが、企業の生産費に環境コストが含まれないことです。そのため、政府による規制や、外部性に対応するための課税（環境税）などが求められるのです。また、公共財に関連する「コモンズの悲劇」という説（誰のものでもない資源であるコモンズは、自由な利用によって破壊されやすいという考え方）は、様々な環境問題の利害調整をめぐる問題について、重要な視点を与えてくれます。

定常・循環型社会は可能か

人間中心主義的で経済成長志向の環境経済学に対して、それを批判するのがエコロジー経済学です。これは、経済学に生態学の知見を融合させる学際的な試みです。この立場に立つ人々は、資源や環境という制約がある有限のシステムの中で、無限の成長は不可能な目標であるとし、定常・循環型経済を志向します。とはいえ、両者は単純に対立しているわけではありません。

環境政策目的の設定について、費用と便益という観点から考える環境経済学も、生態的な制約の観点から捉えるエコロジー経済学も、設定された目的を達成する規制を実施するためには、政治的な立法手続きを突破せねばならないことは同じです。そして、提案される規制の内容については、直接規制であれ経済的手法であれ、大きな差異はありません。

人類が、与えられた自然環境を技術の力で破壊することもなく、資源を枯渇させることもなく、太陽や風、そして水の力で持続的に文明を営んでゆけるのかどうかは、重要な関心事です。

例えば江戸時代の日本は、外国との資源のやりとりが制約された中で、戦国時代に破壊された森林などを回復させ、主に植物由来（バイオマス）の資源だけで人口3000万人規模の定常・循環社会を実現させた一方で、高度な文化的発展をとげたと言われています（⇒鬼頭宏『環境先進国・江戸』）。中でも、江戸の住民の屎尿（しにょう）は、河川に流されることなく、価値ある肥料として周辺で活用されたことから、隅田川などの水質が清浄に保たれ、江戸湾は豊かな漁場となりました。これはエコロジー的にみればほぼ理想的な状況ではありましたが、他方で貧困は江戸の社会の至るところにあり、産児制限も行われていたようです。こうした江戸時代の経済・社会をいかに評価するかは、興味深い課題であり続けています。

とはいえ、現在の日本の人口は江戸時代の4倍をかぞえ、国内の生物資源だけで養える規模だとは考えにくいでしょう。高度な技術に基づき、貿易を通じた大量の資源輸入に依存した社会が、いかにして資源消費量と環境負荷を減らし、定常・循環型社会を実現してゆくかは極めて大きな問題です。これは自然発生的な経済発展や技術進歩で到底解決するものではなく、政治による政策転換やルール作りが不可欠な課題です（⇒E・U・フォン・ワイツゼッカー他『ファクター4』）。

他方、世界を見渡せば、21世紀に入って大きな技術的変化がみられます。これまでは、経済成長と比例してエネルギー需要は増大を続け、福島第一原発の事故や世界各地の山火事、温暖化にもかかわらず、原子力や化石燃料の供給は当面増加せざるを得ないと考えられていました。しかし近年になって、太陽光や風力といった再生可能エネルギーが、爆発的な普及とともに急速にコストダウンし、2050年には世界のエネルギー消費の100%を賄うことも可能だとする分析結果が、様々な研究機関から打ち出されるようになっています。

こうした技術的可能性を、政治的にいかにして実現に向かわせるかが問われています。近年、欧米の政治家たちが提唱している、環境分野へと大規模な公共投資をすることで、環境保全と雇用の創出、持続可能な経済成長をともに促そうとする「グリーン・ニューディール政策」が、その鍵を握っていると言えるでしょう（⇒■Ｊ・リフキン『グローバル・グリーン・ニューディール』）。

BOOK

54

私の地球遍歴：環境破壊の現場を求めて

石弘之（洋泉社MC新書、2008年）

環境と経済の関係を考えるためには、その前にまず私たちの暮らす地球環境の現状についての理解を深める必要があります。本書のような現場のジャーナリストによって書かれたレポートは貴重な情報源です。著者の石弘之氏は朝日新聞の記者から、国連環境計画（UNEP）上級顧問、東京大学大学院教授、駐ザンビア大使を歴任し、アジアやアフリカ、東欧など世界中の環境破壊の現場を訪れて来た方です。彼は『蝕まれる地球』（朝日新聞社、1979年）、『地球環境報告』（岩波新書、1988年）など、かなり以前から多数の著書を発表していますが、本書は世界各地の環境破壊を扱った新書としては、比較的新しいもののひとつです。

日本では大気や水の汚染は改善が進み、環境保護を訴えるための政治的自由もあります。しかし、開発途上国ではいまだに、環境保護運動は「いのちを賭けた戦い」であり、軍や警察から迫害を受けたり、有力者が雇った殺し屋に狙われたりすることは珍しくありません。

ブラジルではアマゾンの森林が焼き払われ、大放牧主が大規模な牛肉生産を行っています。その過程で先住民が迫害され、反対運動を行った活動家が何人も殺害されていますが、政府による治安維持も環境保護も全く行き届いていません。ナイジェリアでは、石油開発に反対するデモを行った人々の村が軍隊の攻撃を受け、２０００人が虐殺され、指導者も拷問・殺害されています。貴重な資源が採れる地域では、このような悲劇が起こりやすいのです。

本書では、１９８０年代に著者が飢餓の状況の視察に行ったエチオピアについても一章が割かれていますが、その原因はやはり森林の破壊でした。人口が増加し、農業と牧畜、そして燃料のために伐採が進んだ結果、森林が国土からほぼ姿を消したのです。

他には、中国の巨大開発の現場と自然破壊、南極を訪れて目撃したゴミの山と化学物質による汚染、チェルノブイリ原発事故の被害の現場、そして戦争が人間と環境を破壊した旧ユーゴスラビアとベトナムに関する報告が収められています。

社会主義国の環境破壊の現場も訪れています。かつては「公害は資本主義の必然的弊害であり、社会主義の計画経済には存在しない」と言われ、著者自身も漠然とそう信じていたと言います。しかし、まだソ連崩壊前の１９８０年代に東欧を訪れた時にみた、硫黄臭い異臭に満ちた空気、煤で真っ黒くなった町、見渡す限り酸性雨で枯れた森林など、「地球上で最も汚染された」と言われる地域の環境の現実は、恐るべきものでした。政治的自由が制限された現場で目の当たりにした惨状によって、著者も「環境と開発」という座標軸で考えていた環境問題を、「環境と政治」という対立軸で考えざるを得なくなったということです。環境問題が、経済の問題であると同時に政治の問題でもあることがよくわかる良書です。

BOOK

55

入門 環境経済学：環境問題解決へのアプローチ

日引聡・有村俊秀（中公新書、2002年）

環境経済学に関する教科書は日本でも数多く出版されていますが、新書サイズで安価な入門書としては、この本を第一に挙げることができます。必ずしも経済学の基礎知識を持たない読者のためにも、温室効果ガス排出の削減や、廃棄物の発生抑制など、実例を交えながら、環境問題解決の経済学的なアプローチが平易に解説されています。2002年の出版なので、現時点ではデータ等は少々古くなっていますが、環境経済学の基本的な論理はそれほど変わってはいません。

環境問題を市場の失敗（公共財や外部性）の問題として捉えた上で、その解決策としての環境政策手段について、それがどのような仕組みで効果を発揮するのか、また費用と便益、そして負担の分配という観点から、どのような環境問題にどのような手法が有効なのかについて、説明が行われています。

特に、工業製品の生産に伴う環境負荷の抑制という問題に関しては、おなじみの需要曲線（限界便益曲線）と供給曲線（私的限界費用曲線）の枠組みに、「外部費用」を加えて考えることが出発点としては有用です。具体的には、供給曲線に「限界外部費用」を上乗せ

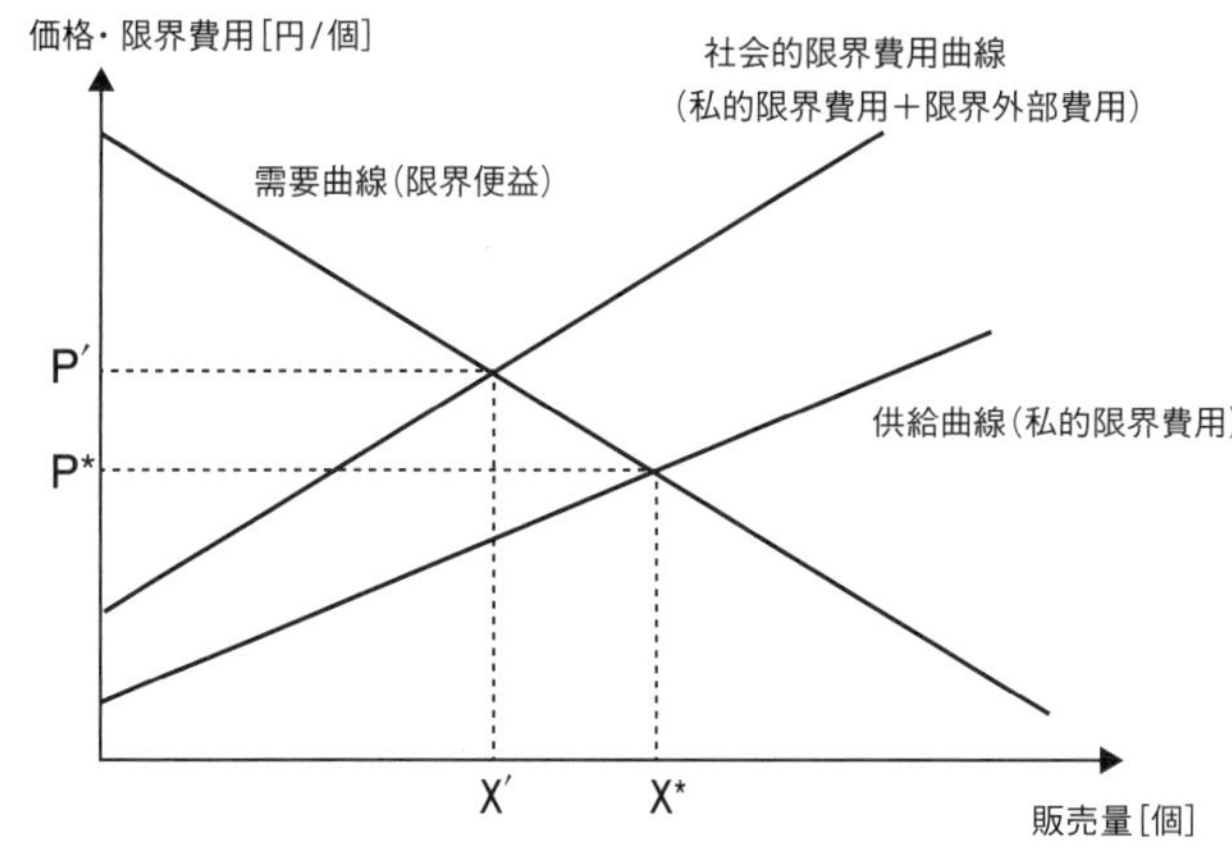

外部費用を含んだ需要・供給曲線

した「社会的限界費用曲線」を考えることです。環境問題を意に介さない生産者と消費者からなる市場では、需要曲線と供給曲線が交わる点で、均衡価格（P*）と均衡消費量（X*）が決まりますが、ここでは社会の純便益は最大化されません。外部費用を内部化して、価格を上げ（P′）、消費量を減らす（X′）ことで、純便益が最大化される（資源配分が最適化される）のです。

本書では、この単純な図式をベースに、ゴミ処理手数料有料制の意義や、廃棄物政策、自動車交通に伴う大気汚染、地球温暖化問題など、具体的な環境問題について、解決策に向けた考え方を示してゆきます。直接規制や環境税、排出枠取引制度、そして環境補助金について、有効性や問題点を理論的な観点から説明します。このアプローチは、多くの環境経済学の教科書に共通のもので、知っておくべき基礎知識と言えます。

BOOK

56

環境先進国・江戸

鬼頭宏（吉川弘文館、2012年）

江戸時代の日本は外国との貿易がほとんどなく、石炭や石油、人工的な原材料を用いることができなかった中で、森林や水系の資源と家畜や人間の筋力だけで、高度な農業生産と発達した市場経済を実現し、読み書きの普及など比較的高い生活水準を実現していました。また、人口も全国で3000万人程度と安定していました。百万人の人口を抱える江戸でも、河川の水質は清浄で、江戸湾はきれいで豊かな漁場だったことが知られています。これは、同時代のロンドンやパリの環境が極めて不潔だったのに比べれば、注目すべき点です。

著者の鬼頭宏氏は著名な経済史家であり、本書は江戸時代の初期から末期までの人口や都市の変化、自然環境の変容について、豊富な資料に基づいてバランスよく描かれています。

江戸時代にも人口増加はありました。推計によれば、戦国時代が終わった1600年頃の人口は1227万人程度でしたが、1700年頃には3128万人に達します。100年で倍以上です。しかしその後は、1830年頃に3248万人に達するまで（増減を繰り返しながらも）安定的に推移しました。

江戸などの大都市の環境がきれいに保たれたのは、もともとモノの生産量が少なくゴミが出にくかったことの他、ゴミが集められて海の埋め立てに使われたこと、そして何より人間の糞尿が、都市近郊の農家によって回収され、肥料として利用されたことによります。しかも、糞尿回収の際の「代金」を支払っていたのは、農家の方だったのです。森林の破壊も、ルールの整備によって抑えられました。

もちろん言うまでもなく、江戸時代の日本はユートピアではありません。貧困がなかったわけでもありません。国内の資源でギリギリの人口を養っていたためです。出生数は、様々な産児制限の工夫によって、5人程度まで減少しました。しかしそれで人口が安定していたということは、生まれた子ども5人のうち3人は子孫を残さずに亡くなったという計算になります。治せない病気が多かったことも否定できません。中でも都市は農村より衛生環境が悪く「都市アリ地獄説」が唱えられました。

現在の日本はすでに江戸時代の4倍の人口を抱え、大量の工業製品と医療技術によって暮らしが支えられています。ですから、現在の環境問題を解決するのに、単純に「江戸時代に戻れ」と言うことは不可能です。とはいえ江戸時代の日本をひとつのモデルとして捉え、21世紀の技術を最大限に自然に優しい方向へと発展させ、それを活用して、資源消費と汚染を最小化する定常・循環型社会を目指すことは、決して理想論ではなく現実的な課題と言うべきでしょう。

BOOK 57

公共事業は止まるか

五十嵐敬喜・小川明雄〈編著〉（岩波新書、2001年）

環境破壊は市場の失敗の問題であり、政府の介入によって解決を図らざるを得ません。とはいえ政府も万能ではなく、「政府の失敗」についても注意が必要です。日本では、ダムや道路、空港、海の埋め立てや干拓など、必要性や有効性に疑問符が付く公共事業が、政治家・官僚・財界の「鉄のトライアングル」によって民意を無視して進められ、1980〜90年代に大きな問題となりました。現在、政府支出を再評価する「反緊縮」の考え方が強まっていますが、過去と同様の問題を繰り返すことのないよう、民主的な手続きが求められます。

BOOK 58

リサイクルと世界経済：貿易と環境保護は両立できるか

小島道一（中公新書、2018年）

国際貿易の網が、アジアやアフリカ、南米へとグローバルに広がる中で、廃棄物・リサイクルのネットワークも世界中に広まっています。日本で使用済みとなった製品は、海外各地で再生利用・再使用されていますが、リサイクルや廃棄物処理の過程で、環境汚染や人命被害も発生させています。有害廃棄物の輸出による環境破壊を規制しつつ、有用な資源を国際的にリサイクルするには、どのような法整備や技術が必要なのでしょうか。本書では国際リサイクル研究の第一人者による、現地調査と専門知識に基づく丁寧な説明がなされています。

BOOK
59

ファクター4：豊かさを2倍に、資源消費を半分に

エルンスト・U・フォン・ワイツゼッカー他
（省エネルギーセンター、1998年）

ローマ・クラブという組織は1972年に『成長の限界』という報告書を出し、脱成長の考え方を広めてきました。この本はそのローマ・クラブへの報告書として1995年に発表されたものです。「ファクター4」という標語は「4倍」という意味であり、資源やエネルギーの利用効率を4倍にすることで、豊かさを2倍に、資源消費を半分にすることを目指しています。自動車・交通から建築、家電、照明、農業・畜産に至るまで、劇的に効率を改善する技術を紹介し、それを普及するための環境税などの経済的手法にも触れています。

BOOK
60

グローバル・グリーン・ニューディール

ジェレミー・リフキン（NHK出版、2020年）

現在、米国のサンダース、英国の労働党、ギリシャのバルファキスなど、欧米の反緊縮左派の政治家たちは「グリーン・ニューディール」政策を打ち出しています。気候危機だけでなく、緊縮財政による経済と政治の危機も、ともに解決する政策です。2030年には自国の温室効果ガスの排出量を差し引きでゼロにし、100％のエネルギーを再生可能エネルギーで賄うために、毎年数十兆円規模の巨額の投資を行うことを主張しています。その技術的可能性と、巨額の財源のありかについて、この本では詳しく説明されています。

「先端技術と
未来の経済」を
予測する

井上智洋

「先端技術と未来の経済」の基礎知識

ＡＩ技術の現在

日本では、２０１６年くらいから人工知能（ＡＩ）ブームが始まって、２０２０年の今はブームが沈静化していますが、ＡＩの地道な導入は以前よりも盛んになっています。「人工知能」という言葉自体は１９５６年から使われています。20世紀には、２回のＡＩブームがありましたが、大した応用もなされずに終わってしまいました。今回は3回目のブームで、そのブームの火付け役になった技術として「ディープラーニング」が挙げられます（⇒■松尾豊他〈編著〉『超ＡＩ入門』）。

ディープラーニングは、人間の脳の神経系の構造を真似たＡＩ技術であるニューラルネットワークの一種です。この技術は、有名どころでは、囲碁のＡＩである「アルファ碁」に組み込まれています。ディープラーニングの基本的な用途は、「自然言語処理」「音声認識」「画像認識」の三つです。

英語とか日本語のような言葉のことを自然言語と言います。自然言語が処理できると、

「チャットボット（会話ボット）」のような人間とおしゃべりできるＡＩとか、自動翻訳が可能となります。グーグル翻訳という自動翻訳のサービスがネット上にあって、２０１６年11月にディープラーニングを搭載して、精度が飛躍的に上がったと言われています。

音声認識というのは、人間の言葉などを聞き取って、それを文字に置きかえる技術です。音声操作アプリのSiriは、人の声を聞き取ってそれを文字に変換しており、まさに音声認識の技術を使っています。Siriは、２０１４年くらいにディープラーニングを搭載しています。

ディープラーニングが一番得意なのは、恐らく画像認識だと思います。例えば猫が歩いていたら、私たちはすぐ猫だと気づきます。これまでは、そういったことが機械には難しかったのですが、今は猫なのか犬なのかを識別するだけではなくて、シャム猫なのかどうかといった猫の種類まで細かく見きわめることができるようになっています。

身近なところで言うと、スマートフォンのロックを解除するのに指紋認証や顔認証を使っている人が多いと思いますが、これらも画像認識の応用例です。自動運転車は画像認識の塊のようなものです。歩行者が前にいたら、止まるなり避けるなりしなければなりません。歩行者を認識するのにも標識を理解するのにも、画像認識の技術を使っています。

このように色々な局面で画像認識が適用可能になったことを指して、「機械が目を持つようになった」という言い方がよくなされています。人間で言うと、網膜に何が映っているのかを識別しているのは、後頭部の視覚野という場所ですが、その視覚野の働きまで含めてこの場合目と言っています。

動物は、カンブリア紀という時代に、ほぼあらゆる種類が出そろったと言われています。それだけ動物が進化し繁栄したということですが、その理由として動物が目を持つようになったからではないかという説があります。それは光スイッチ説というもので、有力な仮説として考えられています。だとすれば、機械も目を持つようになれば、爆発的に進化し、繁栄するのではないかと考えられます。

これまでロボットは、工場の固定された位置に置かれて、定型的な作業をするしかなかったのですが、これからは、工場の外で、農業とかサービス業のような不規則な環境の中で、状況に応じた判断ができるロボットが続々と出てくると思います。それはまさに機械が目を持つようになったからです。

画像認識の技術は、潜在的に使える局面のまだ1000分の1も使っていないでしょう。逆に言うと、これから1000倍以上世の中で使われるようになるということです。したがって、この先ＡＩの技術がたとえ全く進歩しなかったとしても、この画像認識という技術が世の中で広く使われるようになるだけでも、社会や経済が劇的に変化するでしょう。

これまで文系の学生・ビジネスマンは、技術に関心を持たなくてもそんなに困ることがありませんでした。ですが、これからはＡＩのような技術が私たちの社会や経済に与える影響は、とてつもなく大きくなっていくので、文系ですらも技術を看過するわけにはいかないでしょう。経済について学びたいというのであれば、なおさらのことです。

ＡＩ、ＩｏＴ、ビッグデータがもたらす「第四次産業革命」

これから技術がもたらすだろう社会・経済の劇的な変化は、「第四次産業革命」と言われています。ＡＩに加えて、ＩｏＴとビッグデータという三つの技術が第四次産業革命を引き起こすと考えられています。

ＩｏＴ（Internet of Things）は、「モノのインターネット」ということで、あらゆるものにコンピュータのチップとセンサがついていて、それがインターネットにつながっているという状態です。一番身近な例を挙げると、スマートロックになると思います。外出時にも、スマートフォンで家の鍵を操作して、開けたり閉めたりできるような仕組みです。

ビッグデータはたくさんのデータということです。ＩｏＴによって実空間のデータを「ビッグデータ」としてクラウド上に収集し、そのようなデータをＡＩが分析して、その分析結果をもとに機械を操作することによって、生産活動の高度なオートメーション化（自動化）が図られるようになるでしょう。

第四次産業革命はこれから到来するわけですが、ＡＩは既にビジネスに大きな影響をおよぼしています。今、最も劇的な変化にさらされているのは金融業です（⇒📕野口悠紀雄『入門 ＡＩと金融の未来』）。それは、金融業がほとんど情報のみを扱う産業であり、その情報の多くが数値データで、そもそもコンピュータは数値データの処理が得意だからです。

アメリカでは既に、証券アナリスト、資産運用アドバイザー、保険外交員といった職業の雇用がＡＩによって減らされています。日本でも、大手銀行が軒並み大規模な人員削減計画を発表しています。いずれ、銀行にはシステムエンジニア以外の人材はほとんど残らないようになるかもしれません。

ブロックチェーンの普及によっても金融業、とりわけ銀行業は大きな変化の波にさらされるでしょう（⇒中島真志『アフター・ビットコイン』）。スウェーデンや中国などで、中央銀行が仮想通貨を発行する動きがあります。そうなればキャッシュレス化とあいまって、銀行に預金するという行為が必要なくなり、銀行業自体が消滅するか様変わりするでしょう。

今後、ロボットや自動運転車のようなＡＩを組み込んだ機械「スマートマシン（賢い機械）」が普及すれば、金融業のような情報を扱う産業だけでなく、実空間の産業でも自動化が進む可能性があります。日本政府は、２０３０年に物流の完全無人化、２０４０年に農業・建設業の完全無人化を実現させるという目標を掲げています。それらが、本当に実現するかどうかはわかりませんが、いかに実空間の産業さえもが自動化の方向へ向かっているかが見てとれるでしょう。

ＡＩが人間の仕事を奪う？

そのような中で、人間の仕事がなくなってしまうのではないかという懸念が生じています。

新しい技術の導入がもたらす失業を「技術的失業」と言います。これはＡＩに限った話ではありません。最初の産業革命が起きた時に、布を織る機械「織機」が導入されましたが、それによって、手織り工の人たちが失業に追い込まれたという事態が起きました。怒った手織り工の人たちが機械を打ち壊したというのが、世界史で習った「ラッダイト運動」です。

20世紀初頭には自動車が普及しました。それまで欧米では馬車が主な交通手段だったので、馬車を操る御者という人たちが職を失うという事態がありました。他にも様々な技術的失業が起きましたが、長期的に失業が増大するということは、少なくとも21世紀になるまでは起きていません。

「労働塊（ろうどうかい）の誤謬（ごびゅう）」という経済学の用語があります。技術が進歩すると、その分雇用が減り、長期的に失業者が増大するのではないかという勘違いのことを言っています。技術的失業自体は、歴史において頻繁に発生していますが、それが一時的な問題にとどまっているのは、結局職を失った人が他の職業に転職するからです。このような転職を経済学の用語では「労働移動」と言いますが、この労働移動こそが技術的失業の長期化を防いできたと言えるでしょう。

ところが、今後も労働塊の誤謬が誤謬のままであるかはわかりません。オックスフォード大学のフレイとオズボーンは、「雇用の未来」という論文で、７０２の職業についてどの程度の確率で消滅するかを割り出した上で、アメリカにおいて10～20年以内に労働人口の47％が機械に代替される可能性があると結論付けています。

この論文に対し、それぞれの職業にはいくつかのタスクがあって、そのうちのひとつ、ふたつのタスクがなくなるだけで、職業自体が消滅するわけではないので、技術的失業は問題ではないという反論が多数寄せられました。ただし、職業が消滅しなくても、それぞれの職業における雇用が劇的に減少する可能性もあるので、技術的失業はなおも問題であり続けるかもしれません。

実際アメリカでは今世紀に入ってから、主にIT化が進んだために、「労働参加率」（労働に携わる人の割合）が減り続けています。今後も雇用が減少し続けるならば、「ベーシックインカム」が必要不可欠となるかもしれません（⇒📖R・ブレグマン『隷従なき道』）。

「ベーシックインカム」は、最低限の生活費を保障する制度です。例えば、政府が国民全員に、月7万円のお金を給付するといったようなことが実施されます。ベーシックインカムが導入されれば、失業しても最低限の暮らしは守られることになります。

ただし、経済学者の中では、AIによって長期的に失業が増大し続けるという主張は少数派です。一方で、格差が拡大するという主張は数多く見られます。アメリカでは既に、中間所得層が没落するという形での格差拡大が顕著になっています（⇒📖大野和基〈編〉『未完の資本主義』、T・コーエン『大格差』）。

アメリカの経済学者ブリニョルフソンとサイエンス・リサーチャーのマカフィーは、ITによっていかに格差が拡大したかを論じました。低所得層は肉体労働に従事、中間所得層は事務労働に従事、高所得層は頭脳労働に従事しているものと単純化して考えましょう。

これまでアメリカで、ITによって雇用が減らされてきたのは、コールセンターや旅行代理店のスタッフ、それから経理係といった事務労働です。そのようにして技術的に失業した人達の多くは、頭脳労働ではなく清掃員や介護スタッフといった肉体労働に移動しています。

その際、中間所得層から低所得層に労働者が移るので、低賃金化が起きます。そうすると、所得の中央値（99人の人がいたら、所得順に並べて50番目の人の所得）は、低下します（⇒■E・ブリニョルフソン／A・マカフィー『ザ・セカンド・マシン・エイジ』）。

一方で、高所得層の中でもグーグルやアップルなどの優良企業で働く「スーパースター労働者」はますます所得を増大させるので、所得の平均値はずり上がります。このような所得の平均値と中央値との乖離をブリニョルフソンとマカフィーは、「グレートデカップリング」と名付けました。

グレートデカップリングが発生しているということは要するに、格差が拡大しているということです。彼らは、AIによって今後ますます格差が拡大する可能性があると警告しています。解決案としては、教育改革や科学者・起業家の支援を訴えており、ベーシックインカムには否定的です。

一体どのような対策が望ましいのか、どのような未来社会が築かれるべきなのか？　以下のブックリストに挙げた書籍を読んだ上で、皆さん自身の頭で考えてみてください。

BOOK

61

超ＡＩ入門：ディープラーニングはどこまで進化するのか

松尾豊他〈編著〉（ＮＨＫ出版、２０１９年）

「シンギュラリティ（技術的特異点）」は、ＡＩの知性が人間の知性を凌駕する時点のことを言います。アメリカの発明家カーツワイル氏は、２０４５年がその時点だと言っています。日本の学者の間では、シンギュラリティは論じるに値しない「トンデモ」な話として頭ごなしに否定されることが多いです。それに対し、私は真面目に議論されるべき重要なテーマだと考えています。

その点、ＡＩ研究の第一人者で東京大学大学院教授の松尾豊氏も同様の意見のようです。松尾氏は本書で、「ディープラーニング」は進歩が早いので、シンギュラリティを「単なる夢物語とさせない強さを持っている」と言っています。

ディープラーニングは、２０１０年代に普及し今のＡＩブームの火付け役になった技術です。この技術によって、ＡＩにも人間並みの画像認識が可能となり、猫の画像を分析して猫であると識別できるようになったのです。こうした画像認識の技術がもたらすインパクトを松尾氏は重要視します。

温度センサや加速度センサから得られるデータを分析することによって、機械は暑さを認識したり、人が走っていると認識したりできます。ただし、そのためにはそれぞれに対応するセンサとソフトウェアが必要です。

ところが、精度の高い画像認識が可能となった今、ひとつのイメージセンサとソフトウェアでもって、汗をぬぐっている人の姿を識別して暑さを判断したり、走っている人の姿を識別して走っていると判断したりできるようになっています。

したがって、ディープラーニングの出現は、汎用性の高いＡＩの開発を可能にしたと言えるでしょう。だからといって、シンギュラリティへと至る道のりが明瞭に見通せるようになったわけではないですが、その道のりの存在は否定し難くなったのです。

本書は、入門書らしく、ＡＩはどのようなものか、ディープラーニングで何が可能になったかといったことをわかりやすく丁寧に説明しています。それだけでなく未来の社会を思い描いた知的なエンターテインメントでもあります。松尾氏は、ＡＩ研究者としてだけでなく、鋭い眼差しで社会を見つめる思想家としても語っているのです。

例えば、ＡＩが高度に発達し生産活動のほとんどを担えるようになっても、人間は他の人と徒党を組んで争い合う習性があるので、会社などの組織をつくって売り上げを競い合うような営み、つまり労働をやめることはないと言っています。松尾氏は、私が聞きに行った講演でそのような人間の根源的な営みを「部族ごっこ」と呼んでいました。たとえ、シンギュラリティが到来しても、人間は部族ごっこを続けるかもしれないのです。

BOOK 62

入門 AIと金融の未来

野口悠紀雄（PHPビジネス新書、2018年）

「Xテック（エックステック、クロステック）」という言い方があります。テックはテクノロジーの略であり、Xに様々な用語を代入することができます。

金融（ファイナンス）とテクノロジーが合わされば「フィンテック」、人事とテクノロジーが合わされば「HRテック」、教育とテクノロジーが合わされば「Ed（エド）テック」とそれぞれ呼ばれます。HRはHuman Resources（人事）の略で、EdはEducation（教育）の略です。

こうしたXテックの内、早くも2016年くらいから続々と関連する本が出版されていたのは、フィンテックのみです。それだけ、テクノロジーが金融業に与える影響は強いのです。本書は、とりわけAIが金融業をどのように変えるかを論じており、このテーマでは最もわかりやすい本だと思われます。

今回のAIブーム以前からの話ですが、証券トレーダーの仕事は、「ロボ・トレーダー」に置き換わってきました。これは「ロボ」と名がついていますが、物理的なロボットではなく、株式などの取引を自動で行うソフトウェアです。本書では、AIを組み込んだロボ・トレーダーを用いても、他の人々よりも高い収益を得ることは難しいと述べられています。優れた資産運用の仕方があれば、すぐに他の多くの人々に真似されてしまうからです。逆に言うと、証券市場で得られる平均的な収益を得ることは可能でしょう。

近年金融業で、ロボ・トレーダー以上に注目を集めているのは、「ロボ・アドバイザー」です。これは、資産運用や保険の購入に関するアドバイスを行うソフトウェアです。本書の紹介によれば、ロボ・アドバイザーは、富裕層向けのサービスだった「オーダーメイド型の投資」を安く一般向けに提供することができます。こうしたロボ・アドバイザーが、アメリカでは人間の資産運用アドバイザーや保険の外交員の雇用を減らしています。

AIは信用審査にも用いられています。つまり、それぞれの借り手にどれくらいの金利で、どれだけの金額まで融資できるかということをAIが自動で判断できるようになっているのです。

そのようなサービスで最も有名なのは、中国の「ジーマ信用（ゴマ信用）」で、「アリババ」のグループ会社「アント・フィナンシャル」によって運営されています。ジーマ信用では、学歴や資産、人脈などに基づいて、個人の信用度を350点から950点まででスコア化しています。

日本でも、ソフトバンクとみずほ銀行の合弁会社 J.Score が「AIスコア・レンディング」というAI信用審査のサービスを提供しています。本書では、このようなサービスの普及によって、貸付業務がAIに代替されて、大量失業がもたらされる可能性があると述べられています。

その他、保険業の未来、ブロックチェーンのもたらす影響、キャッシュレス化の動向、中国のAI事情なども論じられており、盛り沢山の内容になっています。

BOOK

63

未完の資本主義：テクノロジーが変える経済の形と未来

大野和基〈編〉、P・クルーグマン他（PHP新書、2019年）

本書では、主にAIなどの技術が未来において経済をどのように変貌させるかというテーマで多様な識者が論じています。インタビューを書き起こしたもので、簡単な言葉だけで書かれているので、技術と経済の関係について知りたい人が、最初に読む本としては最もふさわしいでしょう。

ノーベル経済学賞・受賞者のポール・クルーグマンは、AIによる大量失業は起きないと言っています。技術的失業は、歴史的には一時的な問題にすぎなかったので、今後もそうなるだろうと予想しているわけです。経済学者は、過去に通用した法則がそのまま未来にも当てはまると考えがちなので、その多くがクルーグマンと同様の見方をしています。

ジャーナリストのトーマス・フリードマンは、インターネットによって世界が一体化し、いかなる国の人々も公平に競争ができるようになりつつある状態を「フラット化」という言葉で表しています。続いて、技術が古い仕事を駆逐する一方で、新しい仕事をつくり出すと述べています。技術的失業についてはクルーグマンと同様の見方をしているわけです。ただし、格差は拡大していると指摘しており、対策としてはベーシックインカムよりは、教育の充実と貧困層の支援が望ましいと言っています。

文化人類学者のデヴィッド・グレーバーは、技術の進歩によって労働時間が劇的に短縮できるはずなのに、１００年前と比べてさほど変わらないのは、〝Bullshit Jobs（クソみたいな仕事）〟が増えているからだと述べています。イギリスの調査会社ユーガブによれば、37％もの人々が自分の仕事が全く社会に貢献していないと答えたそうです。Bullshit Jobs を減らすには、ベーシックインカムの導入と役に立つ仕事の賃金を上げることが有効だとグレーバーは主張しています。

経済学者のタイラー・コーエンもまた、フリードマン同様にＡＩは仕事を奪うとともに創出するが、その一方で格差を拡大させると言っています。そして、金が欲しいというのが人の心の本質であって、資本主義を超えるシステムなど当面はあり得ないと述べています。

歴史家のルドガー・ブレグマンは、ベーシックインカムの導入を提言し、自由な時間が増えたとしても、人々は怠けるわけではないと言っています。テレビの視聴時間が長いのは、むしろ労働時間が長い国だそうです。ブレグマンは、グレーバー同様にくだらない仕事を減らすべきだと主張し、コーエンとは異なって、仕事と消費を減らすことこそ有意義な人生につながると述べています。

互いに相反する主張も含んでいるので、この本に書いてあることを鵜呑みにすることはできないようになっています。多様な議論に触れることで、あなた自身の思考力は磨かれずにはおれないでしょう。

BOOK 64

アフター・ビットコイン：仮想通貨とブロックチェーンの次なる覇者

中島真志（新潮社、２０１７年）

ＡＩやＩｏＴと並んで、社会・経済を様変わりさせてしまう可能性を秘めた技術としてブロックチェーンが挙げられます。ブロックチェーンは、仮想通貨の根幹的な技術ですが、本書はビットコインなどの仮想通貨よりも、ブロックチェーンそのものがいかに重要であるかを論じています。この技術は、国際送金や証券決済、クラウドファンディングなどに応用されて、金融業を抜本的に変革する可能性があります。さらには、中央銀行が自らブロックチェーンを用いて仮想通貨を発行したら、何が起きるのかといったことにもかなりの紙幅を費やしています。民間銀行の役割は恐らく、ほとんどなくなってしまうでしょう。

BOOK 65

隷属なき道：ＡＩとの競争に勝つベーシックインカムと一日三時間労働

ルトガー・ブレグマン（文藝春秋、２０１７年）

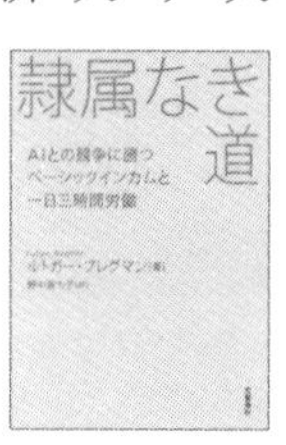

多くの先進国で格差が拡大し、無駄な作業と消費がつくり出されることで労働時間が増大しています。そんな現代の経済が抱える根本的な病理を抉り出し、的確な処方箋を提示しているのが本書です。そこには重要なこと以外書かれていません。私が、深くうなずいたり驚いたりした箇所に赤い線を引きながら読んでいったら、どのページも赤く彩られてしまいました。本書が、ＡＩのもたらす失業や格差に対し解決策として提案しているのはベーシックインカムです。「ベーシックインカムを給付すると人々は怠惰になる」という俗説が、歴史的事例と詳細なデータに基づいて完膚無きまでに叩きのめされています。

BOOK 66

大格差：機械の知能は仕事と所得をどう変えるか

タイラー・コーエン（NTT出版、2014年）

本書はAIなどの機械の発達がいかに格差をもたらすかを論じています。著者のコーエンは「ようこそ、超実力主義社会へ」と悪魔的にささやき、「平均は終わった」との決めゼリフを繰り返しています。今後、平均的なスキルを持った労働者が、それにふさわしい仕事にありつくことは難しくなるというわけです。頭脳をふり絞って稼ぎまくるか、そうでなければ頭脳を使わずに体をほどほどに動かす安い賃金の労働に甘んじるしかない。その中間のほどよい生活は営み難くなります。アベレージ・イズ・オーバー。「平均は終わった」のです。本書を読んでまずは大いに絶望してから、未来に向かって希望をつないでいきましょう。

BOOK 67

ザ・セカンド・マシン・エイジ

E・ブリニョルフソン／A・マカフィー（日経BP、2015年）

AIが人々の仕事を奪うとか奪わないとかいう最近流行りの議論の世界的な火付け役になったのは、ブリニョルフソンとマカフィーによって2011年に出版された『機械との競争』です。本書はその続編で、434ページもあって内容が充実している上に、平易に書かれているので読みやすいです。特に、AIがいかに格差を拡大するかが説得的に論じられており、それに対する政策提言もなされています。「AIが経済に与える影響」というテーマでは、今のところこの本以上のものはないでしょう。彼らの手による第3弾の本『プラットフォームの経済学』もおすすめです。

「データ・統計」を用いて経済を把握する

矢野浩一

「データ・統計」の読み方

経済はデータで把握できるの？

経済学のためのブックガイドになぜデータ・統計の読み方の章があるのでしょうか。「当然だ」と思う人もいれば、「なぜだろう？」と不思議に思う人もいるかもしれません。

このように反応が異なる理由は、人によって「経済に対する考え方」に違いがあるからです。ある人は「経済は人間同士のつながりが生み出すもの。人間の心はデータでは測り難いので、データで経済を把握できるなんて傲慢だ」と思うかもしれません。逆に、「いやいや、経済にも何らかの法則があるはずだから、それはデータで確認できるはずだ」と思う人もいるかもしれません。経済に関する数値を一般に経済データ・経済統計と言います（以下、単にデータと言います）。

経済学では、「経済には何らかの理屈があって、データである程度までは把握できるはずだ」と考えます。もちろん、何でもデータで把握できるなどと言っているのではありません。しかし、「ある程度は」できるはずだと考える経済学者が大半です。そのため、あるテーマに関して経済

好評既刊

本を読めなくなった人のための読書論

若松英輔 著　B6判変型／184P

本はぜんぶ読まなくていい。たくさん読まなくていい。多読・速読を超えて、人生の言葉と「たしかに」出会うために。本読みの達人が案内する読書の方法。

1,200円＋税

歴史がおわるまえに

與那覇潤 著　四六判／392P

虚心に過去を省みれば、よりより政治や外国との関係を築けるはず——そうした歴史「幻想」は、どのように壊れていったか。「もう歴史に学ばない社会」の形成をたどる。

1,800円＋税

死んだらどうなるのか？

死生観をめぐる6つの哲学

伊佐敷隆弘 著　四六判／280P

だれもが悩む問題「死後はどうなる？」を宗教・哲学・AIについての議論を横断しながら対話形式で探求する。あなたはどの死後を望みますか？

1,800円＋税

中国 古鎮をめぐり、老街をあるく

多田麻美 著　張全 写真　四六判／280P

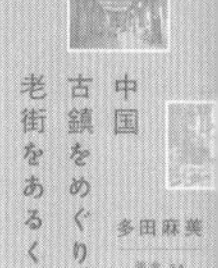

天空に浮かぶ村「窯洞」、昔日の反映を今に遺す城壁の街……。北京でも上海でもない、昔ながらの暮らし、独特な文化が残る町や村の移りゆく姿を丹念に描いた味わい深い紀行エッセイ。

1,900円＋税

黄金州の殺人鬼　凶悪犯を追いつめた執念の捜査録

ミシェル・マクナマラ 著　村井理子 訳　四六判／460P

1970−80年代に米国・カリフォルニア州を震撼させた連続殺人・強姦事件。30年以上も未解決だった一連の事件の犯人を追い、独自に調査を行った女性作家による渾身の捜査録。

2,500円＋税

学的仮説や理論がある場合、データを用いてそれらが現実をうまく説明できるかを考えます。

データを用いて、経済学的仮説や理論の妥当性を評価・議論する分野を計量経済学と言います。例えば、「失業者にプログラミングの研修を受けさせて、（失業者の）就業率を上昇させる」という政策が実行されたとしましょう。この政策は実際に有効なのでしょうか？　また、「経済理論に従えば、消費税を増税しても景気は悪化しない」という意見があったとします。その理論はデータで裏付けられるでしょうか？

現在、研究者の多くは、経済学的な仮説・理論に対して、データを用いてその妥当性を評価しようとしています。うまくいっている場合もあれば、それほどでもない場合もありますが、計量経済学は、経済学の理論と統計学の理論が交差するとても興味深い分野です。

この章ではデータ・統計についての基礎的な考え方から、計量経済学的な考え方まで紹介しながら、そのエキサイティングな一面をご紹介します。

偏りのない見方を学ぶために大切なこと

ヒトには「自分の意見に合う証拠を信じ、逆に自分の意見に反する証拠を軽視する」傾向があることが知られています。このような傾向は一般の人たちだけでなく、筆者を含めた研究者・学者にも見られることがあり、実は根深い問題です。心理学ではこの傾向を確証バイアスと言います（バイアスとは偏りや傾向のことです）。例えば、安倍政権に反対する人が政権に批判的な新聞の世論調査だけをみて、「こんなに安倍政権の支持率が下がっている」と言い、同時に安倍政権を支持する人が政権に親和的な新聞の世論調査だけをみて「安倍政権の支持率は堅調だ」と論じる、そんなことはよく起こります。

しかし、少し慎重に考えれば、問題をより適切に解決するには偏りのない見方が必要であることは誰にでも分かります。世の中には様々なデータが満ちあふれています。今朝の起床時間、今日の気温、今月の給与、スマホのバッテリー残量、通勤・通学に使った交通費、今月の物価水準、今年の日本の国内総生産、来年の世界の景気……日頃あまりにも日常的に接しているため、意識することはあまりないかもしれませんが、どれもデータです。

特に近年、スマホを含めた携帯端末でユーザーの位置情報が収集され、オンラインショップでは消費者の購入履歴が集積され、膨大なデータとなっています。この膨大なデータをビッグデータと言います。現代では、そのビッグデータをどのように分析し、役立てるかが問われています。

このように我々の生活にはデータがあふれていますが、それらをどのように集め、読むべきかをきちんと知っている人は（実は）あまりいません。「日々、私たちはデータに接しているので、今さらその読み方を知る必要があるのか」と感じる人もいるかも知れませんが、実際にはデータを正しく読むことは案外と難しいのです。データを正しく扱うことができるためには、まず私たちは「数字を読む」という作業自体に親しむ必要があります（⇒結城浩『数学ガールの秘密ノート：やさしい統計』、イアン・エアーズ『その数学が戦略を決める』）。

データを読む時の基礎知識

「データ」と言うと、なかには「それ自体で存在している客観情報の集積」といったイメージを持つ人もいるかもしれません。しかし、データは常に誰かがつくっています。データを見る・読む時にはいつもそのことを意識しておいてください。例えば「今日の最高気温は30度でした」とテレビでアナウンサーが言ったとします。「そうだな。確かにそのくらいだったな」と感じる人もいれば、「いや、もっと暑かったのではないか？」とか、逆に「もっと涼しかったのでは？」と感じる人もいるかもしれません。日本では、気温のデータは気象庁が発表していますが、風通しや日当たりの良い場所で、芝生の上1・5メートルの位置で観測するのが基本です。また、温度計は、直射日光に当たらない場所に置かれています。そのため、皆さんが自宅・職場・路上などで実際に感じる気温とデータとはズレてしまうことがあるのです。

そもそも、一口にデータ・統計と言っても様々な種類があります。例えば、調査票を使ってつくられた統計（データ）を一次統計と言います。総務省統計局が毎月、労働力調査の一部として発表している完全失業率（完全失業者数を労働力人口で割った値）は、この一次統計です。これは「15歳以上の働く意欲のある労働者の中で何％が失業しているか」を表すものですが、調査員が実際に各世帯を訪問して、調査票に基づきアンケートを取っています。

これに対して、国内総生産（ＧＤＰ）は二次統計です。ＧＤＰは内閣府経済社会総合研究所がつくっており、「国内で一定期間内に生産されたモノやサービスの市場での付加価値の合計額」を意味します。とても単純化して言うと、日本のＧＤＰは「日本の経済規模」を表すもので、国全体の経済を考える最も包括的で重要なデータです。ＧＤＰは一次統計を集計・加工してつくられる統計なので二次統計（もしくは加工統計）と呼ばれています。完全失業率もＧＤＰもその意味や作成方法は、インターネットで検索するとそれぞれを担当する部署のホームページで解説されています（⇒総務省統計局『日本の統計』）。

データを読む時に重要なのは、「それが何を意図してつくられ、どのように作成されているか」を知るということです。例えば、ＧＤＰについて「国民の幸福度は測れない」という批判があります。これは当たり前の話で、ＧＤＰはその名が示すように、あくまで生産された財・サービスの総量を測るもので、幸福度を測る目的ではつくられていません。幸福度を知りたいのであれば、ＧＤＰとは違う指標を新しくつくる方が適切でしょう。ただし、個人的には幸福度を適切に測るのは案外難しいのではないかと予想しています。最初に書いたように、経済をデータで「ある程度は」把握できるのですが、無理とは言わないものの幸福度はかなり把握が難しいテーマではないかと思います。

また、「スマホ向けの無料のアプリなどから人々が享受した便益がＧＤＰに入っていない」という批判もあります。実は無料のアプリがＧＤＰに入らないのは「生産された付加価値を市場で評価して計算する」というGDPの考え方からとても自然な扱いです。この考え方を「生産の境界」と言います。例えば、コンビニで販売されたサンドイッチは生産の境界内にあるためGDPに含まれ、無料のアプリは生産の境界外にあるためGDPに含まれません。もし仮に「無料のアプリをGDPに入れたい」という場合は、それがどの程度の価値のサービスなのかを推定して入れることになります。これを帰属計算と言います。家庭内の無償労働についても同じことが言えます。実は家庭内の無償労働をGDPに算入することは検討されたことがあり、その時サテライト勘定という枠組みが使われました（⇒■ダイアン・コイル『GDP』）。

いずれにしても、(1) 経済統計は誰か（公的機関・企業等）が何かを意図してつくったものであり、(2) その意図を越えて使うことはできません。これらの条件を無視してデータをどこにでも振り回すような誤ったデータ主義も、（先ほどのGDPに対する批判のように）データに対して無いものねだりをするような批判も、データの本来の役割を正しく理解していないことから生じるものです。

皆さんもデータ・統計を使う時には、この2点を決して忘れないようにしてください。この前提を忘れることさえなければ、統計学はとても有用なものであり、後半に紹介する書籍にもあるように、時には「テレビを見せると子供の学力が下がる」というような一見もっともらしい、しかし実際には誤った推論を退ける強力なツールにもなることでしょう（⇒■西内啓『統計学が最強の学問である』、中室牧子／津川友介『「原因と結果」の経済学』）。

統計学的な考え方

ここからは、データ・統計の作成のための基本的な考え方について、もう少し具体的に説明してみましょう。例えば、「日本に住んでいる人の何%が、『ウイルスX』に感染したことがあるか?」を知りたい場合、どうしたらいいでしょうか? 一般的に、あるウイルスに感染した場合、人間の体内には抗体ができるため、理屈上は「抗体検査をして『ウイルスXに対応する抗体があるか』を確認すればいい」ということになります。

統計学では、今考えている(知りたい)対象全体を「母集団(Population)」と言います。「ウイルスX」の例では、国籍を問わず日本に住んでいる人全員が母集団になります。母集団の抗体検査ができればいいのですが、日本には約1億2600万人(2020年現在)の人々が暮らしているので、その全員の抗体検査をすること(全数調査)は非常に困難です。

母集団を全数調査し、誤差(例えば記入ミスなど)が一切ない場合、理屈上は母集団の真の値がわかります。日本に住んでいる人全員の平均身長を知りたいとしましょう。日本に住んでいる人全員の身長を一切のミスなく測ることができれば、母集団の平均値(平均身長)がわかります。この母集団の平均を「母平均(Population Mean)」と言います。

全数調査が困難な場合、母集団から一部だけ選び出して調べることになります。母集団から一部のヒトやモノなどの対象を選び出してデータを集めることを標本抽出(サンプリング)と言い、選び出された人を標本（サンプル）と言います。この選び出す時に、統計・データを偏りなく集めるにはどうすればいいでしょうか？

この問いに対して統計学は「無作為抽出（ランダム・サンプリング）で人を選び出して、抗体検査すべき」という答えを用意しています。無作為抽出では、日本に住んでいる人全員（母集団）に通し番号（１番から１億２６００万まで）をつけ、誰もが公平に選ばれるように、数をランダムに発生させ（離散一様分布）、それに該当する番号の人の抗体検査をします。重要なのは「誰でも公平に選ばれるように」という点で、「作為なく人が選ばれる」という意味を込めて無作為抽出と呼ばれているのです。なお、（無作為抽出などの）偏りのない標本抽出法で選ばれた標本は母集団を代表する、もしくは代表性があるといいます。

さて、それでは母集団から標本を無作為抽出すれば、「データは無条件に信用できる」のでしょうか？　例えば、日本に住んでいる人全員から１００人を無作為抽出し、その平均身長を計算したら、母平均とぴったり一致するでしょうか？　残念ながらそうではありません。

母集団から無作為抽出した標本を用いたとしても標準誤差という問題が残っています。標準誤差とは求めた値（推定値）の信頼度を表します。標本サイズが大きくなればなるほど（つまり、多くのデータを集めれば集めるほど）標準誤差は小さくなる、つまり求めた値の信頼度は増します。しかし、標本抽出には費用がかかりますので、「とにかく標準誤差を小さく。できればゼロに」と思っても、費用がネックになって現実には難しいことが多いのです。

標準誤差は推定値（求めた値）に関するものですが、それとは少し異なる誤差もあります。この場合の誤差は、ある一つのデータについての誤り（Error）を意味します。例えば、感染症などについて考える場合、抗体検査キットの信頼性の問題などもあり、誤差が生じます。そして、この誤差があるために陽性／偽陽性・陰性／偽陰性という問題が発生します。

計量経済学・統計学の目的

ここまで延々と統計学的な考え方についてご説明してきましたが、その目標をひとことで言えば「できる限り先入観を排除し、偏りの小さい推定量（推定値）を得る」ということです。見てきたように、データ・統計は誰かが何かのためにつくったものであり、その作成や計測によって何らかの誤差が生じるものですが、常にそのことを意識しながらデータを見ることが必要です。データを「無条件に」いつでも信用できるものと考えるのではなく、むしろどういった「条件のもとで」そのデータが有効であるのか、ということをみる目を養うことこそが、データを読むということなのです。

そして、こうして得られた推定値を用いることで、様々な経済現象を分析したり、経済学的仮説を検証したりする学問が、最初にご紹介した「計量経済学」です（⇒■田中隆一『計量経済学の第一歩』）。

計量経済学や統計学で重要な仕事は、予測と因果推論の2つです。予測とは、例えば、投資家が「来月のトヨタの株価は△円である」と予想するような場合、もしくは気象予報士が「明日の正午の気温は29度になります。」と予想するような場合です。予測は、単に当たればいいので、その予測モデルに因果関係はなくても構いません。

因果推論とは、例えば「失業者にPythonプログラミング研修を受けてもらい、就業率を高める」という政策があったとして、実際にその効果があったのかを確認する時に重要になります。因果推論の場合は、因果（因果関係、Causality）があるかどうか自体が重要です。近年、政策・施策を考える時に「証拠に基づいた政策決定（Evidence Based Policy Making, EBPM）」が必要であると論じられることがありますが、このような考え方を裏で支えているのが因果推論です。

計量経済学・統計学は日々進歩しています。かつて、「計量経済学・統計学では予測が主で、因果推論ができるのは限られた場合のみ」と考えられていましたが、ここ20年間で、因果推論という分野が急速に発展しました。現在は情報工学を中心に発展してきた人工知能研究（より専門的には機械学習や深層学習等）と計量経済学・統計学の融合も起こっています。

ビッグデータの普及と軌を一にして急激に発展していく計量経済学・統計学ですが、その本質は常に「できる限り先入観を排除し、少しでも偏りの小さい値を求める」ことにあります。データ・統計の読み方を学ぶことを通じて、一人でも多くの方たちに「少しでも偏りのないものの見方」が普及することを願ってやみません。

BOOK 68

数学ガールの秘密ノート：やさしい統計

結城浩（SBクリエイティブ、2016年）

高校生の「僕」とミルカさんを主人公とした「数学ガール」シリーズは少し難しめの内容が含まれていますが、この「数学ガールの秘密ノート」シリーズは、おなじみの登場人物たちに加えて中学生たちが中心となっているので少し易しめです。

本書『数学ガールの秘密ノート：やさしい統計』は、まさにデータ・統計の読み方への入門には最適です。特に、前半のグラフの描き方から偏差値までの部分は、多くの人に読んでほしい内容です。後半は少し難しいので、わかるところまで読んでみてください。

BOOK 69

その数学が戦略を決める

イアン・エアーズ（文春文庫、2010年）

元祖「データの読み方の啓蒙書」とも言うべき本です。勘と経験に頼ってきたワイン批評の世界にデータ分析が切り込むという冒頭から始まり、ランダム化など統計学では当然とされた手法がビジネスの最前線でどのように応用されてきたかが描かれています。

原著が2007年出版と少し前の本ですが、統計学的な方法を社会・ビジネス等で取り入れる時の苦労も活写されており、「うちの会社でも同じようなな苦労しているな」と感じる人も少なくないかもしれません。また、本書で紹介されている2標準偏差ルールはとても有用なので、多くの人に知ってほしいです。

BOOK 70

日本の統計

総務省統計局、各年
(https://www.stat.go.jp/data/nihon/index1.html)

Webサイト「日本の統計」は、日本政府・公的機関が作成した経済統計・データをまとめてくれています。似たようなコンセプトのサイトとして「統計ダッシュボード」というサイトもあるのですが、初心者には「日本の統計」の方が(個人的には)おすすめです。「日本の統計」で検索し、見つけたページの「本書の内容」をクリックすると、「地理・人口」から「社会」まで膨大な数のエクセルファイルが現れます。興味あるデータだけで構いませんので、ぜひご自身でダウンロードしてグラフをつくるなど、データに直に触れてみてください。

BOOK 71

GDP：〈小さくて大きな数字〉の歴史

ダイアン・コイル(みすず書房、2015年)

知られているようであまり知られていないGDPの考え方やその成立の経緯、現在の状況や論争などを包括的にまとめた一冊です。「GDPたったひとつのために本を読むなんて」と思うかもしれませんが、偏りの小さなたったひとつの数値をつくるために経済統計の専門家たちがどれほど苦労しているかを知っていただくには最適です。本書は、特にありがちなGDP批判とは一線を画し、その意義をきちんと評価したうえで限界点についても論じています。GDPが嫌いな人も好きな人も論じる前にぜひ一読を!

BOOK 72

統計学が最強の学問である

西内啓（ダイヤモンド社、2013年）

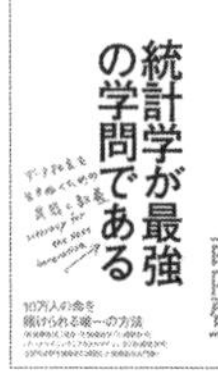

こちらは日本で統計学の一大ブームを生み出した記念碑的書籍です。歴史的な出来事から、最近の応用例まで様々なトピックを取り上げ、統計学が世の中でどのように役立ってきたかを紹介してくれる本書は、「データ・統計で何ができるの？」を考える人に最初に読んでほしい一冊です。重回帰分析やロジスティック回帰といった比較的テクニカルな内容も数式を使わずに解説されています。「ブームに乗り遅れて今まで読んでいなかった」という人はぜひ一度手にとってください。「すでに読んだよ」という人も再読すると新しい発見があるかもしれません。

BOOK 73

「原因と結果」の経済学：データから真実を見抜く思考法

中室牧子／津川友介（ダイヤモンド社、2017年）

因果推論の分野で知られた著者2人による強力タッグがつくり出したこの本は、「因果推論とは？」「因果推論で何ができるの？」と疑問を持つ人たちが最初に手に取るべき本です。

「差の差」の分析や回帰不連続デザインといった難しい内容が、極めて平易な表現で説明されており、取り上げられるトピックも学術的なものからユーモラスなものまで（「テレビを見せると子供の学力が下がる」はなぜ間違いか等）幅広く揃っています。自分自身が勉強したいという読者だけでなく、「因果推論とはどのようなものか？」を説明しなければならなくなったビジネスパーソンにも役立ちます。

BOOK
74

計量経済学の第一歩：実証分析のススメ

田中隆一（有斐閣ストゥディア、2015年）

「第一歩」なので、確かに初歩的な内容から書かれています。しかしそれにとどまらず、マッチング法や回帰不連続デザインといった因果推論の手法まで解説されており、大変に素晴らしい内容です。計量経済学をしっかりと学んでみたいという人は、ぜひ本書を手に取ってその内容をしっかりとマスターすることからはじめてほしいと思います。この教科書でカバーされているのは因果推論までですが、そう遠くない未来に計量経済学と機械学習・深層学習との融合まで扱った教科書が登場するのかもしれません。

なぜ
「経済学史」を
学ぶのか

松尾匡

「経済学史」を通して、経済学の志に触れよう

なぜ否定された説を教える必要があるのか

私たちは何のために経済学史を学ぶのでしょうか。今日では、有名な大学の経済学部でも経済学史の専任教員を置かない大学が増えています。ですから、経済学史を学んだことがなく、超有名な昔の経済学者の名前を知らなくても、最先端の業績をあげて、専門分野の教育ができている経済学者はたくさんいます。

読者の皆さんの中には、経済学を専門として勉強する必要があるわけではない人たちもたくさんいらっしゃると思います。専門の経済学者でもそんな感じなら、素人の読者の皆さんが経済学史を学ぶ必要はますますないということになるのでしょうか。

そうではないと思います。私はむしろ、経済学を専門としない人たちにこそ、経済学史をかじってもらう必要があると思っています。

例えば、中学校や高校での理科の授業を思い出してみてください。天文学や化学や生物学や医学などの専門家になるわけではない多くの人たちが、天動説だとかフロギストン説だとか錬

金術だとか、生命の自然発生説や創造説などといった昔の学説と、それらが否定される過程を教わります。なぜそうするのでしょうか。そんなまどろっこしいことをせず、現代の正しいとされる学説のわかりやすい紹介から始めればいいじゃないですか。

私は理科教育の専門家ではありませんから本当の理由はわかりませんが、素人なりに考えてみるとこんな理由が思いつきます。まず、こうした昔の学説は、誰もが常識的に思いつきそうだということが挙げられます。現代の私たちもそんなことを考えがちだからこそ、あらかじめちゃんと否定しておく必要があります。また、論争の紹介を通じて、科学的な証明に必要な実験手続きが整えられる様子を追体験することができます。そうすることで、科学的な思考の仕方とはどんなものであるかが自然と身につくようになります。

さらに、それまでの通説に挑戦し、新しい学説を世の中に認めさせていった人たちの態度から、真理を求めるひたむきな姿勢を学ぶことができるでしょう。特に、医学者たちの歴史からは、眼前の人命危機を救おうという強烈な問題意識が学問を進歩させてきたことがみてとれます。

重商主義の主張は今でも蒸し返される

経済学史を学ぶのも同じだと思います。「経済学の父」アダム・スミスの登場を考えてみましょう。スミスは経済学らしい経済学を創始した人ですが、その際のスミスの問題意識とは何だったのでしょうか。それは当時の自国イギリスの経済政策である重商主義を批判するということでした。重商主義の考えによれば、一国にとっての富とは、その国の中にある貨幣だと言うのです。当時のことですから、貨幣というのは金銀のことです。国同士でその取り合いをしているとみるわけです。輸出をしたら貨幣が入ってきて、輸入をしたら貨幣が出ていきますので、その差額である貿易黒字をなるべく多くすることが、国を富ませることだという結論になります。

だから重商主義の政策では、輸出品には奨励金を出して輸出額を増やし、輸入品には関税をかけて輸入額を減らすことが図られます。輸出品の国際競争力を維持するために、労働運動を抑圧して賃金を抑えます。主力輸出品（毛織物）の原料（羊毛）は、同じ輸出品のライバル国に渡らないよう、輸出禁止にします。そして植民地を自国の独占的な輸出先、原材料調達先にしようとします。

こんな考え方と似たようなことを、皆さんもどこかで聞いたことがあると思います。要するに一国を大きな企業になぞらえているのですね。企業は、仕入れ費用をなるべく抑え、販売額をなるべく増やし、差額の利潤を増やそうとする。それはみんなが慣れ親しんだ日常図式ですので、つい一国全体についても同じ発想でみてしまうわけです。世界市場を舞台に、各国がそれぞれの企業を武将として使って経済戦争をしている。領土の取り合いのかわりに貨幣の取り合いをしている。そんなイメージですね。今でも本屋にいけば、こういう図式で経済を語る本がいくつも山積みになっています。

スミスはこんな考え方をトンデモ論扱いして真っ向から否定したのです。金銀なんか食べられない（消費できない）ので、それをもって一国の富だと言うのはおかしいのではないか。現代では貨幣は金銀ですらなく、場合によっては紙ですらなくて、単なるコンピュータ上の情報です。一国にとって欲しければいくらでも自分でつくれるものです。スミスは、貨幣ではなくて年々消費できる生産物こそ国の富だと言いました。貿易黒字なんか溜め込んでも仕方ない。使ってこそです。お互い自国でつくれないものが相手国でつくれるなら、それらをお互い交換して輸入し合ったら、両国とももっと豊かになれる。考えてみれば当たり前ですね。

一つの企業のように見るか、社会全体の中の相互連関を見るか

重商主義の発想が日常的意識にのっとって出てきやすいのは、企業を経営するとか、もっとクリアに言えば軍隊を統率するとかいうことと同じ発想だからです。これは筆者の『対話でわかる：痛快明解 経済学史』という本で「反経済学的発想」と呼んでいるものですが、力の強い者がその力を振るえば経済を意識的にコントロールできるとか、領土の取り合いをするように誰かが得をしたら別の誰かが損をしているという発想です（座談会「経済学入門、最初の一歩」を参照）。

それに対してスミスが打ち出したのは、同じ拙著で「経済学的発想」と呼んだものにあたります。経済というものは人間の意図を離れて自律運動する法則的存在であって、それをコント

ロールしようとしたら、法則を理解してそれを利用しないといけないとか、取引をすれば双方の得になるというのが「経済学的発想」と筆者が名付けたものです。

経済学的発想の一番の特徴は、世の中全体の連関を考えることです。いろいろな産業部門に労働（やその他の生産資源）が割り当てられ、その結果いろいろな最終生産物がつくられ、それらがいろいろな人や組織に分配される。この労働配分・生産・分配の三面が裏腹になっていて、例えば賃金と利潤の分配率が変わると、最終生産物の生産の比率も変わり、総労働の配分の比率も変わるというふうに、お互いに関連し合うわけです。そしてそのことが経済成長にも影響します。誰が仕切っているわけでもない無意識の法則として関連し合っているのです。

偉大な経済学者は昔から、リカード、マルクス、ワルラス、マーシャル、ケインズ、ヒックス、レオンチェフ等々と、連綿とこうした発想でものを考えてきました。こうした考え方は1870年代にワルラスが最初にクリアに数学モデルに定式化して「一般均衡論」と呼ばれたものです。それは、戦後精緻な数理化が進行した頃には、全商品の均衡の自動実現を主張する資本主義擁護論のように捉えられる向きもありましたが、本来は自動均衡実現論とは関係ありません。全社会の相互連関を考慮に入れて、長期的に社会の再生産が成り立つための条件を示したもので、マルクスの再生産表式のように、19世紀古典派の再生産論の発想からすでにあるものです（⇒三土修平『経済学史』）。

これを考えるコツは、貨幣を介在させずに考えることです。貨幣を考慮に入れるのは、こうした連関を乱す要因となるから必要になることです。ですから、まず貨幣を入れずに経済全体の連関を把握した上で貨幣を考えるのが筋です。

それに対して通俗的な見方では、貨幣で考えてそれでおしまいにするので、その先の連関を考えず、世の中全体をあたかも一つの企業のようにみなしてしまいます。

例えば、マルクスの同時代の反経済学的発想の論者は、賃金と利潤をめぐる労働者と資本家の階級的対抗関係を、付加価値の分の貨幣の取り合いと捉えていただけでした。それに対してマルクスは、賃金と利潤の対抗関係の裏に、労働者の必需品を生産する部門と、資本家が利潤から購入する商品を生産する部門との間の生産や労働配分の対抗関係があることを説きました（⇒■マルクス『賃金・価格・利潤』）。

経済学部の授業でも一般均衡論までいかないで終わったり、教科書を読んでも、一般均衡論のところは難しくて何が大事なのかよくわからなかったりします。しかし、マルクスまで遡ると、相互連関的見方の威力がよくわかります。

現実の経済問題に直面して進化した経済学

ところで、自然科学の場合、フロギストン説がいまさら蒸し返されることはありませんが、なぜ経済の場合は、重商主義的見方が何度も復活するのでしょうか。あるいは、メインストリームの経済学も、なぜ自然科学のような一方向的発展にはならないのでしょうか。

経済学もツールについては一方向に発展するものだと思います。数理モデルの解析能力や、計量手法、統計手法、シミュレーションの技法、実験など、コンピュータ技術の進歩もあって、時代を下るごとに、前の時代にはできなかったことができるようになっています。

しかし、それでも経済学自体は一方向への単純な進化にならないのは、それが常に、現実の経済問題と取り組む中で発展してきたからです。例えば、重商主義政策の行き詰まりに直面してスミスの経済学が生まれ、産業革命後の格差と貧困の累積に直面してマルクスの経済学が生まれ、大不況に直面してケインズの経済学が生まれ、インフレ亢進に直面して反ケインズ的な新しい古典派が生まれたわけです。さらに、現実経済を前に既存の経済学が行き詰まりを見せるごとに、反経済学の側からの異論も出てくることになります。

ですので、経済学の場合は自然科学の場合よりも、過去を振り返ることが大事になります（⇓■山崎好裕『おもしろ経済学史』）。既存の経済学が対応できない経済問題に直面した時、昔これと似たようなことが起こった際に、偉大な経済学者が何を考えたのか。１９９０年代以降デフレ不況が長期化して、全盛の新しい古典派では対応できなくなった時、では１９３０年代大不況を打開するためにケインズは何を言っていたのかもう一度読み直そうということになり、そこで新しく発見された論点が、現代的な手法のもとで復活するというようなことが起こるわけです。

今日私たちが直面する多くの経済問題は、過去を振り返ると似たようなことがありました。それに対する反経済学的発想からの誤った対処論も、たいてい今日のケースとそっくりなことが言われているものです。だからこそ、その時に経済学的発想からどのような対案が言われていたのか確認することは、大きな意義を持ちます（⇒■若田部昌澄『経済学者たちの闘い』）。

社会問題解決を目指す熱い志を学ぼう

さて、先に理科教育の例を出した時、特に医学者たちの歴史からは、眼前の人命危機を救おうという問題意識を学べると述べました。この点については、経済学も共通です。経済学は多くの人の命にかかわる社会の病を治療するためにこそある学問だからです。

新古典派経済学と言えば、今日では資本主義万歳のテクニカルな経済学というイメージがありますが、もともと新古典派ができた頃の巨人たちは全然違いました。のちのミクロ経済学の教科書体系を作ったマーシャルは、貧民街を歩き回って貧困問題の解決を志し、資本主義はやがて乗り越えられて協同組合的社会に進化していくとみなしていました。ワルラスもまた、生涯社会主義者を自認し、社会変革のための実践にも取り組んだことがあります（⇒■御崎加代子『ワルラスの経済思想』）。

もちろん、マルクスやケインズやその影響を受けた人たちが世の中をよくするために取り組んだことは言うまでもありません。経済学と言えば弱肉強食を煽るものというろくでもないイメージが蔓延してしまっているだけに、過去の巨人たちの志を確認しておくことは大きな意義を持つと思います。

BOOK

75

賃金・価格・利潤

カール・マルクス（大月書店、2009年）

本書は、私よりちょっと上の世代だったら、学生運動とか労働組合運動とかで、真っ先に読まされる基本学習文献でした。今はもうそんなこともなくなった時代でしょうね。

これは、世界最初の労働運動や社会主義運動の国際組織である、いわゆる第1インターナショナルの中央評議会で、マルクスが1865年に行った、同評議会委員のウェストンという人のプレゼンに対する反論です。ウェストンは、労働組合が賃上げを勝ち取っても、物価が上がることで、結局実質賃金は元の木阿弥になると主張しました。それに対してマルクスは、賃上げしたら実質賃金も上がるんだということを述べています。

それはこんな論理です。まず、簡単化のため、経済全体を労働者が賃金から購入する必需品部門と、資本家が利潤から購入する贅沢品部門の二部門からなるものとします。さしあたり賃金が上がると資本家の利潤が減ります。すると、必需品部門では、賃金が増えて需要が増加するので価格が上がり、その分利潤率が上がります。このかぎりウェストンの言うとおりに見えます。他方で、賃金が上がると資本家の利潤が減るので贅沢品部門では需要が減って利潤率が下がります。

こうして、必需品部門の方が贅沢品部門よりも利潤率が高いという利潤率格差が生じます。そうなると、利潤率の低い贅沢品部門から利潤率の高い必需品部門に資本移動が起こり、それによって労働雇用も贅沢品部門から必需品部門へ移動します。その結果、必需品部門では生産が増えて一旦上がっていた価格が下がり、贅沢品部門では生産が減って一旦下がっていた価格が上がります。利潤率格差があるかぎりこの移動は続き、やがて利潤率は、当初の率よりも低い率で均等化します。その時には実質賃金は当初よりも増えています。

ここで重要なのは、賃金の増大・利潤の減少という分配面での変化の裏には、結局のところ、必需品部門の拡大・贅沢品部門の縮小という経済全体の生産構造の変化が照応しているということです。実は、この結果に至るまでのプロセスは、マルクスが言うほどスムーズではなく、もし資本家が手元の利潤額にかかわらず、借り入れなどを行って一定の贅沢品を必ず需要するならば、ウェストンの言うとおりの結果になるとも言えます。ただ、どのようなプロセスを経るかはともかく、労働者が賃金分配を増やして実質賃金を上げようと思えば、全産業の部門間構造をそれに照応して変えないといけない、ということは言えます。これは一般均衡論的見方です。

この発想が身につけば、例えば、消費税を上げて介護部門に支出するといったことが、同時に消費財部門を縮小させて介護部門を拡大させる労働の配分替えを意味する、ということがわかるようになります。

BOOK

76

経済学者たちの闘い 増補版：脱デフレをめぐる論争の歴史

若田部昌澄（東洋経済新報社、2013年）

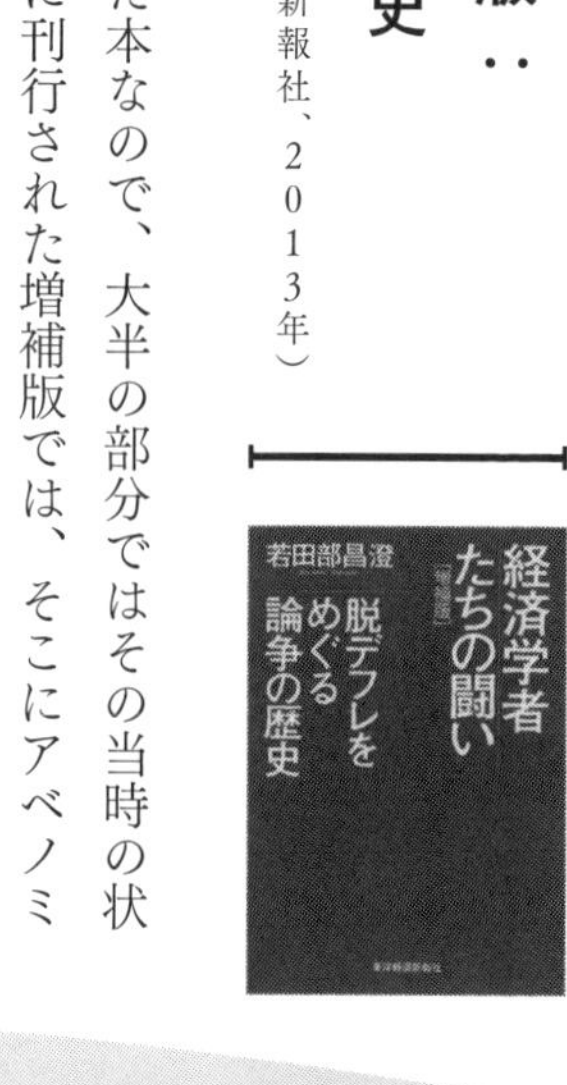

初版は2003年、小泉構造改革の時代に出された本なので、大半の部分ではその当時の状況を前提にした書き方になっています。2013年に刊行された増補版では、そこにアベノミクス始動後に書かれた補章が付け加えられています。

私たちが経験する経済現象は、たいていのものは過去に人類がどこかで経験済みのものです。そしてそれへの対処をめぐって、同じような議論が繰り返されているものです。この本では、18世紀から第二次大戦前の大恐慌までのそのような論戦を訪ねていますが、いやほんとに現代のどこかで聞いた話そっくりのことが大昔から言われていることがよくわかります。特に、本文でも述べた「反経済学的発想」の議論は現代のそれと酷似しています。読んでいて顔が浮かぶくらいです。そしてそれに対して「経済学的発想」の経済学者が論戦を挑むのですが、まあたいてい負けるんですわ、これが。

例えば18世紀イギリスに「貿易衰退論」というのがあったそうです。一部の産業や物品の例を挙げて競争力が衰退したと言い、政府が無策なせい、外国の悪意の妨害のせい、贅沢のせい、人件費が高すぎるせいと言う。あるある！

特にこの本の元の文章が執筆されているのが小泉構造改革が推進されている最中ですので、長期不況の原因を生産性停滞に求める説とか、不況にした方が非効率な企業が退場して生産性が上がるという「シバキアゲ」説とかいった、構造改革を後押ししたいろいろな議論を、当時最新の学問的知見を引きつつ論破しているのですが、大昔にもいたのですな、こんなこと言う人。そしてこんな議論が今の時点でもやっぱり衰えていないことに読者は気をつけてください。

この本の中で一番印象に残ったのは、19世紀イギリスのカーライルという人のエピソードです。カーライルは、労働者の貧困に背を向ける経済学者の非人間性を糾弾し、経済学を「陰鬱な科学」と呼び、「経済学者と人間の闘いで人間の側に立った」と評されたこともある人だそうですが、植民地ジャマイカで反乱を起こした黒人を大量虐殺した総督を擁護し、無罪放免に導きました。

それに対して当時の最も代表的な経済学者J・S・ミルは、総督を弾劾する運動の先頭に立った結果、評判を失って国会議員の席を失いました。今でも、「血も涙もない資本側の経済学者」に反発する反経済学的言説の中に、排外主義の根っこがないか、よく注意しなければならないことがわかります。

BOOK

77

ワルラスの経済思想：一般均衡理論の社会ヴィジョン

御崎加代子（名古屋大学出版会、1998年）

ワルラスが一般均衡論の創始者ということだけ聞きかじっていたならば、戦後アメリカ新古典派流の資本主義擁護論の教祖のようなイメージを持つかもしれません。そんなイメージでこの本を読むとびっくりすると思います。

ワルラスは、青年時代から死ぬまで一貫して社会主義者を自認していました。ワルラスにとって、一般均衡論体系を作ったことは、社会変革を実現するための一プロセスにすぎません。彼が生前にまとまった功績を残すことができた一般均衡論体系は「純粋経済学」とされていて、それをふまえた「応用経済学」と「社会経済学」の三つが合わさって彼の経済学体系が構想されています（後者のふたつは未完成）。

そもそも一般均衡体系は、現実の資本主義経済ではありえないと考えられていました。それは自由競争が貫かれた時実現するものです。現実経済の本質の描写という理解は間違いではありませんが、現実では自由競争は放置しては実現できないとされています。独占や取引の妨げや対等でない契約など、力の強い者の都合で競争が歪められるせいです。自由放任では自由競争にならないというわけです。

そこで、意識的に現実社会の中に自由競争を組織しなければならないということになります。そのために貨幣制度や労働市場や独占を研究するのが「応用経済学」だと構想されていました。「純粋経済学」で出てくる企業家は、均衡において受け取る利潤がゼロになる非現実的存在ですが、これを実現するために、国家がただ一人の企業家になる集産主義体制も構想しました。一般均衡論における「せり人」を通じた需給均衡の模索プロセスは、実はワルラスの考える社会主義社会における一種の計画経済の計画作成アルゴリズムとも考えられるわけです。

そして、公正や所有や租税の問題を扱う「社会経済学」では、全土地を国有化して地代を国庫の収入とし、労働者からの租税は廃止することを論じるつもりだったようです。

この本では、ワルラスが比較的若い頃に、労働者所有企業などのアソシアシオン（協同組合）を振興する運動に取り組んで失敗したことなど、苦労に満ちた生涯も描写されています。

一般均衡論にオーストリア資本理論をつなげ、新古典派理論成立の要をなしたウィクセルは、労働運動と社会主義運動に生涯を捧げ、葬儀には労働者が詰めかけて赤旗が林立したと言われます。ワルラス流の一般均衡論から、市場社会主義につながる経済計算モデルを作ったランゲというマルクス主義者もいます。「新古典派＝資本主義擁護論」といった戦後の色眼鏡から自由に経済学を学ぶためにも、過去の大物たちの志を知ることは有益です。

BOOK
78

経済学史

三土修平（新世社、1993年）

これまでの経済学の全体像をつかむためには、私の『痛快明解 経済学史』の次におすすめの本です。本書の特徴は、昔の古典派やそれ以前の時代の論者などの、数学を使っていなかった議論も、今日のミクロ経済学の入門教科書などで使うような数学的道具立てで説明していることです。こうすることで、昔からの経済学説が統一的に俯瞰でき、それぞれの論者の前提や議論の次元がクリアになります。時間概念に基づく資本理論の重視、マルクスの再生産表式やレオンチェフの産業連関分析や社会主義の線型計画法にもまたがる一般均衡論の俯瞰、価格硬直論でないケインズへの着目なども類例のない特長です。

BOOK
79

近代経済学の解明

杉本栄一（岩波文庫、1981年）

1950年に単行本版が出た本書は、これ自体が経済学史の対象かもしれません。戦後マルクス経済学が解禁され、英米から最先端の経済学が入ってきたはいいが、全体の見取り図がなかった中で、本書は新古典派もマルクス経済学も含め、19世紀後半以降の経済学を「近代経済学」として、当時までの流れを俯瞰しています。寡占管理価格の時代らしい問題意識から、ワルラス一般均衡論には批判的ですが、マルクスに精通した視点からマーシャルを高く評価しています。ケインズは、賃金下落の不均衡作用や利子論の重要性など、後年の教科書解釈の色眼鏡に毒されない解説です。学界の巨人時代を作った教科書と言えます。

BOOK
80

新版 おもしろ経済学史：歴史を通した現代経済学入門

山崎好裕（ナカニシヤ出版、2004年）

私は三嶺書房の初版で読みました。著者は語学に通じ数学もでき、解説の正確さは保証付きです。ケネーから現代の新古典派マクロ経済学まで、章が24もあって取り上げている論者は多いです。その分一章あたりの記述はとてもコンパクトで数分で読めます。経済学の歩みの全体像を駆け足で見通すには最適です。経済理論を体系的に全部学ぼうとすると大変で、利子論とか一般均衡の存在証明とか厚生経済学とか不確実性等々、大事なトピックスが教科書の後ろの方に出てきて到達できずに挫折することが多いですが、この本を読み通せば、概略どんな論理で何を言っているか、知の歩みを追体験しながら一気に学べます。

BOOK
81

現代経済学：ゲーム理論・行動経済学・制度論

瀧澤弘和（中公新書、2018年）

経済学者のタコツボ化著しい現代にあって、1980年代頃から最先端に至る現代経済学の流れを鳥瞰できる稀に見る本です。ゲーム理論から制度論に至り、経済史にも応用されつつある分析手法と現代的マクロ経済学は、「期待」（他人の行動やその結果の予期）が各自の選択で再生産される仕組みを捉える点で共通し、ここから複数均衡や歴史的な経路依存性が導かれる。そこに行動経済学や実験経済学も加わって、「個人の合理的選択の合成結果でパレート最適な唯一の均衡が自動実現」といった主流派イメージは過去のものに――社会や人間の捉え方という深いところから、経済学のあり方を考えさせられます。

スタンダードな「経済理論」を学ぶ

飯田泰之

「経済理論」への招待

経済を観察するためのレンズ

現代の経済を知るための88冊を「ザッと紹介する」のが本書の趣旨です。その一方で、経済という巨大で多岐にわたる現象をそのままの形で把握することはできません。「日本経済の全体像」を「文字通り目視した」という人はいないのです。直接観察することができない抽象的な存在をつかむためには、そのためのフレームワーク、観察のためのレンズが必要です。

その一方で、困ったことに、経済をみるレンズである経済理論は完全なものではありません。さらに複数の、時に対立する経済理論も混在しています。この状況をみて「経済学（経済理論）は役に立たない」と経済学から遠ざかる人も少なくないでしょう。しかし、何にでも対応できる最強の武術がないように、これさえ身につければ完璧という「型」がないように――様々な経済理論は一長一短を持ちつつも、多様な「経済を考えるための思考の型」を提供してくれます（座談会「経済学入門、最初の一歩」を参照）。

その中で、今日標準的なフレームワークとして大学の学部教育で講じられている経済理論はミクロ経済学とマクロ経済学に分けられます。また、労働や格差の問題に興味がある場合にはマルクス経済学が思考のヒントとして有用なこともあるでしょう（⇒■大谷禎之介『図解 社会経済学』）。統計学・計量経済学から得られたデータが語る状況によってこれらの理論が進歩し、さらに理論がデータによって検証されます（「統計」の章を参照）。大学での一般的な経済学の教科書にあるような標準的な経済理論は、これまでの経済学者の営みの中で磨き上げられたことで、最強とは言えないかもしれませんが、なかなか汎用性のある経済を理解するための思考の型となっています。

なお、日本におけるミクロ経済学・マクロ経済学の教科書は、ほとんどが大学の定期試験・資格試験などの受験対策のために購入されています。そのため、テストに出そうな論点を網羅しているという理由から高評価・定番になっているロングセラーもあります。簡単な見分け方として、具体的な関数の計算や数値例に詳しいテキストは試験対策に重点を置いていると考えると良いでしょう。目的に応じた書籍の選択が必要です。

経済学のエッセンスはミクロ経済学に

ミクロ経済学とマクロ経済学のどちらを先に学ぶべきかは、大学のカリキュラム編成でもいつも議論の的になるところです。経済学的な思考の型をより直接的に適用しているという点ではミクロ経済学から学んで欲しいところですが（⇒■坂井豊貴『ミクロ経済学入門の入門』）、その一方で少なからぬ人の普段の思考方法と隔たりが大きい、つまりはとっつきにくいのもミクロ経済学の特徴です。

経済学では、人や組織の行動を「制約付き最適化問題」として把握します。制約付き最適化と言うと大仰に聞こえるかもしれません。ひとまずは、人は自分では変えることのできない条件(=制約)の範囲内で、自分自身の満足度が最大になる(=最適化)ように行動している――と経済学では想定すると把握しておいてください。

ミクロ経済学のカリキュラム(の本編)は多くの場合、消費者理論から始まります。消費者理論の当面の目標は需要関数・需要曲線を求めることにあります。消費者は一定の予算制約(例えば、3000円の予算の範囲）、商品・サービスの価格という一消費者には変えられない条件のもとで何をいくつ買うかを決定しているとされます。予算と価格という制約下で「効用」と呼ばれる自身の満足度を最大化するというわけです。この最適化行動を解くことで導かれるのが、価格がいくらの時に特定の商品をいくつ買うのかという需要関数・需要曲線です。

一方、企業が目指すのは利潤の最大化です。多くの教科書では、企業は原材料価格や賃金、さらには自社製品の価格も決めることはできないと想定します。これを「プライステイカーの仮定」と言います。「この地域ではパートの時給はいくらくらい」「この商品は○○円くらい」という相場があり、一社だけが相場と異なる価格で取引することはないと考えるのです。つまり、市場価格(=プライス)を受け入れるもの(=テイカー)として企業を考えるというわけです。ずいぶん不自然な仮定だと思われるかもしれません。そのため、なかにはプライステイカーの仮定を前提にせずに理論を組み立てる意欲的なテキストもあります（⇒📕梶井厚志／松井彰彦『ミクロ経済学：戦略的アプローチ』）。ある一定の原材料や労働・設備などの価格、製品の販売価格という制約の中で、企業は利潤を最大にするように生産量を決めます。この最適化の結果導かれる価格と生産量の関係――「1個XX円で売れるので、△△個作る」という関係が供給曲線というわけです。

こうして、需要曲線と供給曲線が導かれたことで均衡価格が導かれます。例えば、需要量より供給量が多い状況では、売れ残りなどが発生することで価格が下がり、逆の場合には価格が上がることで、市場は需給が一致する均衡状態に到達するというわけです。この均衡状態の持つ「良い性質」を学ぶことで、市場経済の公正性や効率性を学ぶところまでがミクロ経済学の第一歩です。やや発展的なテキストでは複数の市場の相互関係まで含めて、市場均衡の効率性が証明されます。「自由で競争的な市場は、基本的には、非常に優れている」というメッセージがミクロ経済学のひとまずの結論になります。

ここまでは消費者も企業もプライステイカーであるとして議論が進みます。全ての参加者がプライステイカーで、かつそれぞれの持つ情報にも差がない市場を「完全競争市場」と言います。支配的な力のある大企業がなく、無数の小企業からなる経済をイメージすると良いでしょう。しかし、現実の経済ではトヨタが価格を変えれば世界の自動車市場の価格に影響が出ます。資金の貸借においても、借り手企業の情報（将来性や社長の能力）を貸し手である金融機関が完全に知ることはできません。

ある商品を生産できる企業が少数であったり、各社ごとの製品に特徴があったりするため、各社が一定の価格支配力を持つ市場を「不完全競争市場」と言います。ただし、不完全競争市場であっても結果として完全競争市場と同じ価格と取引量になることもあります。どのような場合に完全競争市場とは異なる状況が生まれるのか、それによって市場の効率性はどの程度損なわれるのかを考えるのがミクロ経済学の第二のステップです。

さらに、不完全競争の問題がない場合にも、市場がいつでも効率的な経済状況をもたらすとは限りません。競争市場が非効率的となる状況は「市場の失敗」と呼ばれます。代金を支払わなくても誰もが利用できるという性質を持つ公共財、ある人・企業の行動が市場とは無関係に他人の満足度や利益を変えてしまう外部性などがその典型です。工場の排水が下流の漁業の収益を低下させる……といった公害問題は外部性の一例ですね（「環境」の章を参照）。市場がうまくいかない場合、どのように課税・補助金を設ければ効率性を向上できるのかを考えることも、基礎的なミクロ経済学のハイライトのひとつになります。

なお、不完全競争市場のもうひとつの問題は戦略的な相互依存性です。例えば、世間に牛丼を販売している企業が2社しかないとしましょう。この時、利益に大きな影響を与えるのはライバル他社の行動そのものです。完全競争下では市場全体の価格だけをみておけば良かったのに対し、不完全競争状態ではライバルが値上げするのか値下げするのか、新商品をいつ投入するのかといった「相手の出方」次第で自身がとるべき行動は大きく異なります。それぞれの企業や個人にとって適切な戦略同士が相互依存関係にある状況を分析するためには、ゲーム理論が必要です。近年のミクロ経済学のテキストではゲーム理論を用いた経済現象の説明に多くの紙幅を割くものが多くなっています。

ミクロ経済学のテキストは、大きく分けるとふたつの方向性があり得ます。ひとつは市場における交換（取引）に焦点を当てるもの。需要曲線と供給曲線などの市場分析、さらには交換経済の分析などを通じて自由で競争的な市場の基本性質を正確に伝えることに重点が置かれます。どちらかと言うと伝統的な教科書はこのスタイルをとるものが多いです。一方で、人・企業の行動や意思決定とは最適化行動であるという点に重きを置いたテキストも多くなっています。ゲーム理論をベースにした説明などがその典型です。いずれが正しいというものではありませんが、書店などでテキストを選ぶ際の参考になればと思います。

マクロ経済学のふたつのテーマ

経済学の基本的な思考法をそのまま適用していくミクロ経済学に対し、マクロ経済学のカリキュラムは基礎理論を明確にしないままに解説が進むことも少なくありません。そのため、個々の理屈はわかるし練習問題も解けるのに、「わかった気分」にならないという不満が多いのがマクロ経済学の特徴です。

多くのテキストはＧＤＰ（国内総生産）や物価、実質値・名目値といった用語の学習から始まります。これらの基本的なデータの知識についての無理解・誤解が経済論争を複雑にしているというケースも少なくありません。ＧＤＰが国内の新たな価値の生産額であると同時に国内の所得総額という性質を持っていることや、経常収支が国内の貯蓄と投資の差額であることなどを学んだ上でその決定理論を学ぶ必要があります。

マクロ経済学の長期的なテーマは経済成長の問題です。ここで言う「長期」とは、需要と供給がバランスするように価格が調整されるくらいの期間を指します。価格調整が十分に行われるならば、労働や設備といった生産要素の存在量と技術・生産効率といった供給側の要因が経済を決定することになります。供給能力があれば、それが十分に活かされるように価格が変化すると考えるのです。このような供給要因が現実経済の多くの側面を説明すると考えて議論を進める論理構成は、新古典派的な理解であると言われることがあります。

ただし、価格はそうスムーズには調整されません。価格硬直性・価格粘着性があることで供給能力が十分に活かし切れない期間・状況を経済学では「短期」と呼びます。短期・長期という表現が具体的な年数・期間を指すものではないことに注意してください。価格調整が十分でない場合には、経済の状況は需要によって大きく左右されます。需要があってはじめて実際の供給行動が行われると考えるわけです。価格硬直性が重要な役割を果たす期間は長く、経済状況の説明として価格硬直性を前提とした理論の妥当性が高いと考えるならば、その議論はケインズ的・ケインジアン的と言って良いでしょう。

伝統的な構成の教科書では、1950年代に経済学会のコンセンサスであった新古典派総合にしたがって、「長期には新古典派理論／短期にはケインズ理論」を適用して経済を考えます。なお、入門的な教科書では、ケインズ的なマクロモデルのみを紹介するにとどめているものも少なくありません。

ケインズ的なマクロ経済学カリキュラムの第一目標はIS－LMモデルを導出すること、第二の目標はフィリップス曲線とIS－LMモデルを組み合わせたAD－AS（総需要－総供給）モデルを導くことにあります。IS－LMモデルとは、財市場と貨幣市場を同時に均衡させる国民所得と利子率の関係を分析する理論装置です。このIS－LMモデルやAD－ASモデルを活用することで、短期における景気循環を安定させるために必要な財政・金融政策の指針を得ることもできます。

そのために、まず一国全体の市場を財市場・貨幣市場・その他資産市場・労働市場に分類して説明を進めます。各市場を分析する際には、それ以外の市場の状況は一定であると考えて個々の市場の説明モデルをつくり、後に複数の説明モデルを合体させる――いわば、各市場ごとの関係式を求め、後にそれらの関係式を連立させることで、マクロ経済モデルを構築するとイメージしておいてください。

このように個々の部品を製造し、徐々に組み合わせて模型を完成していくようなカリキュラム構成のため、各段階で学ぶ理論がそれ自体で何らかの経済現象を説明するものとは限らない点にも注意が必要です。例えば、財市場を分析する45度線モデルはそれ自身が経済を説明するというよりも、ＩＳ－ＬＭモデルの一部であるＩＳ曲線を導くためのステップという役割が主になっています。

ＩＳ－ＬＭモデルは価格硬直性を前提としたケインズ的なマクロモデルのひとつの到達点であり、今もなお実際の経済予測に用いるマクロ計量モデルなどにその名残りをとどめています。ただし、ＩＳ－ＬＭモデルだけではマクロ経済学の大きな課題である失業・インフレーションの問題を捉えきることができません。失業率とインフレ率の逆相関を表すフィリップス曲線を加えることで、ある程度実用性のあるマクロモデルが導かれます。ある意味で、マクロ経済学の標準的なカリキュラムは「ある程度、現実経済の分析に応用可能なモデルを構築する」という作業を追体験するという構成になっているのです。

もっとも、現代ではＩＳ－ＬＭモデルやフィリップス曲線が、教科書そのままの形で経済分析に用いられることは少なくなっています。理論の前提である価格硬直性が成立する論理的な理由が薄いとの批判、さらには短期と長期を異なる理論で説明することの据わりの悪さなどから１９８０年代以降新しいマクロモデルの模索が盛んになります。現代のマクロモデルは、経済成長理論を基礎に、景気循環についても分析を進めるという特徴を持っています（⇒■Ｄ・

アセモグル他『ＡＬＬマクロ経済学』）。

基礎的な教科書で取り扱われる経済成長理論は新古典派成長理論（別名：ソロー＝スワンモデル）が中心です。現代マクロモデルの基礎というだけでなく、ソロー＝スワンモデルからは長期的な一人当たり所得を高めるためには高貯蓄率と低い人口増加率が必要であること、といった豊富な政策インプリケーションが得られます。また、近年では白書等でも掲載される生産性計測の理論的な基礎になっているという点でも、今なお高い価値のあるモデルです。

もっともこのような標準的なマクロ経済モデルや現代的なマクロモデルも「経済を分析するための正解」というわけではありません。マクロ経済学・ケインズ経済学の中にも多くの分派が存在します。近年では１９５０年代よりＩＳ－ＬＭモデルを中心としたマクロモデルに批判的であったポストケインジアンの中からＭＭＴ（現代貨幣理論）が提唱されるなど、興味深い進展がみられます（⇒■望月慎『ＭＭＴ〔現代貨幣理論〕がよくわかる本』）。それでもなお、定番の主流派の、「思考の型」を「分析の出発点」として学ぶことには大きな意義があるでしょう。

BOOK 82

ミクロ経済学入門の入門

坂井豊貴（岩波新書、2017年）

本書は標準的なミクロ経済学の内容を、典型的な順序で解説しています。新書ながら、基本的なゲーム理論の考え方や格差・分配にまで触れられており、ミクロ経済学について最初の一冊を選ぶならば、現時点では、決定版と言って良い内容です。問題は本書の次に何を読むか――ですが、ここはあえて具体的書名はあげません。いわゆる「教科書」として何が使いやすいかは個人の好みに大きく依存するからです。そして本書を読めば、「自分に合った教科書」を選ぶ目も十分に涵養されるでしょう。その後に神取道宏『ミクロ経済学の力』などを学習することで、ひととおりのミクロ経済学の見識が得られると思われます。

BOOK 83

ミクロ経済学：戦略的アプローチ

梶井厚志／松井彰彦（日本評論社、2000年）

非常に個性的な戦略で書かれた入門書です。一般的な入門書での生産者理論は完全競争の仮定から始まります。しかし、その仮定があまりに現実の企業行動とかけ離れているため、実際にビジネスに関わっている社会人などは特に、状況がイメージできずに苦しむこともあるようです。本書は、街のパン屋さんの経営戦略を使ってミクロ経済学を説明します。独占・寡占といった不完全競争市場の説明から始めて、ライバルが非常に多い競争市場、消費者の行動の解説に進む――いわば逆コースのミクロ経済学です。20年も前の本ですが、その視点のユニークさ、ゲーム理論の入門書としての機能はいまだ一読に値します。

BOOK
84

やさしいマクロ経済学

塩路悦朗（日経文庫、2019年）

マクロ経済学に関心を持つ大きな理由は経済政策や現代経済を理解したいという情熱です。一方で「標準的なマクロ経済学入門」を書くにあたっての大きな悩みは、標準的な内容を全て盛り込むと経済政策や現代経済の話題が手薄になるという点です。本書ではIS－LMモデルの省略など、大胆な構成をとることで、マクロ経済学の考え方と財政・金融政策や為替といった多くの人の関心事にも解説が行われます。ただし、標準的な内容の全てをカバーしておらず、経済成長論への言及がないことなどから、福田慎一／照山博司『マクロ経済学・入門』といった定番テキストと組み合わせると効能が大きいでしょう。

BOOK
85

ALLマクロ経済学

D・アセモグル／D・レイブソン／J・A・リスト（東洋経済新報社、2019年）

現代の主流派マクロ経済学のモデルは、経済成長理論をベースに、価格硬直性やバランスシートと需要の関係などを加えて構成されます。短期・長期の二分法ではなく、長期モデルの変動の一部として短期の景気の問題を捉えるのです。本書は、ミクロ経済学と経済成長理論を軸に構成された、いわば現代的なマクロ経済学のテキストになっています。また、大学生の学習スタイルの違いからか、米国発のテキストは非常に分量が多く「その一冊に全てつまっている」という構成になっています。国産（?）テキストよりもこのようなオールインクルーシブなテキストが好きという人は是非本書に限らず手にとってみると良いでしょう。

BOOK
86

行動経済学の使い方

大竹文雄（岩波新書、2019年）

伝統的な経済学が想定する合理性・合理的行動に対し、行動経済学は人々の非合理的な選択・行動の存在を重視します。とはいえ、人間は非合理的だから理論的にはわからない――という話ではありません。人々が最大化している目的関数が、伝統的な経済学が想定してきたものとは異なるかもしれないという話です。本書では行動経済学をビジネスや政策、さらには生活に応用する方法を示しつつ、その入門的な解説が行われています。普段の行動の非合理性を正すマニュアルとして読むもよし、新たなミクロ経済学の出発点を感じる教養書として読むも良しでしょう。

BOOK
87

図解 社会経済学：資本主義とはどのような社会システムか

大谷禎之介（桜井書店、2001年）

このブックガイドでは、自書の紹介はしない原則になっているのですが、マルクス経済学と言えばやはり自分（松尾）の理論体系に思い入れがあるので、松尾匡『図解雑学：マルクス経済学』や橋本貴彦さんとの共著『これからのマルクス経済学入門』も書名だけあげておきます。でも、あえて自分のでない本ということになったら、やっぱりカッチリした『資本論』の解説じゃないと。一度はこの壮大な体系の全貌に酔っておく必要があります。となると、初学者が一からきっちり勉強するにはこれを超えるものはありません。本書では234枚に及ぶ図解がついて、『資本論』全3巻の内容が丁寧に解説されています。（松尾）

BOOK
88

ＭＭＴ「現代貨幣理論」がよくわかる本

望月慎（秀和システム、２０２０年）

今、政府の借金は１０００兆円以上もあります。しかし、日本のようなデフレ気味の国では、もっと借金を増やしても構わないという主張の根拠となり得る経済理論があります。それが、「現代貨幣理論（Modern Monetary Theory、ＭＭＴ）」です。異端の理論と見なされていて、特に日本ではＭＭＴを支持する経済学者はほとんどいません。日本で最もＭＭＴに詳しいのは、「ＭＭＴ四天王」と言われる謎の人達です。本書は四天王の一人である望月慎氏による信頼のおける入門書で、かなり奥深い内容も含まれています。ＭＭＴを支持するかどうかは別にしても、貨幣や経済政策を論じる上では踏まえておくべき内容ばかりです。（井上）

おわりに

たくさんの執筆者の皆さんのご協力によって、この本が完成したことを深く感謝します。企画の話が最初にきた時、そんなものが実現するのかと半信半疑でしたけど、実際できるもんですね。経済に興味のある一般の方向けというコンセプトですが、経済学部に入ったばかりの新入生にとってもいいガイドになると思います。自分のせいもあって出版が遅れましたが、今年は新型コロナ問題で春はキャンパスが閉まりましたので、ちょうどキャンパスが開いた頃に新入生に手にとってもらえる展開になるかもしれません。

多くの執筆者の皆さんには、当初締め切りどおりに真面目に原稿を出していただいたにもかかわらず、今も書きましたが、私は編者の一人でありながら、原稿を書き上げるのが遅れに遅れてしまいました。コロナのせいによる出版事情もありましたが、ここまでお待たせすることになり、執筆者の皆さん、共同編者の飯田先生、井上先生に深くお詫びいたします。

亜紀書房の小原央明さんからこの企画の話がきた時、いろいろ忙しいから無理と言ったのに、またいつものように強引に口説かれてしまいました。案の定いろいろと他にやるべきことに追いまくられ、そのうえ体調も悪くなって、時節柄慎重を期して万事ストップしたりもしましたが、小原さんには寛容にもその都度お待ちいただき感謝しております。いつものように多大なエネルギーをかけた超編集をいただいたことにも感謝します。と思ったら、今、この「あとがき」を書いていて気づいたけど、小原さんがわざわざ僕にこの「あとがき」を書かせたのは、そうか「反省文」を書かせるという意味があったのか。いつもながらきっちりときつい詰めだわと感心して執筆を終わります。

松尾匡

佐藤綾野（さとう・あやの）

高崎経済大学経済学部教授。専門は国際金融・金融・マクロ経済学分野の実証分析。著書に『デフレと戦う』（日本経済新聞出版、共著）、論文に「各国中央銀行のマクロ計量モデルサーベイ」などがある。

中田大悟（なかた・だいご）

独立行政法人経済産業研究所上席研究員。専門は公共経済学、財政学、社会保障の経済分析。著書に『社会保障の計量モデル分析』（東京大学出版会、共著）、論文に「都道府県別医療費の長期推計」などがある。

朴 勝俊（ぱく・すんじゅん）

関西学院大学総合政策学部教授。専門は環境経済学、環境政策。著書に『環境税制改革の「二重の配当」』（晃洋書房）、『脱「原発・温暖化」の経済学』（中央経済社、共著）、訳書に『黒い匣』（ヤニス・バルファキス著、明石書店、共訳）などがある。

北條雅一（ほうじょう・まさかず）

駒澤大学経済学部教授。専門は教育の経済学、労働経済学、応用計量経済学。論文に「学歴収益率についての研究の現状と課題」「高校新卒者の進学行動と最低賃金」「学力の決定要因　経済学の視点から」などがある。

増田幹人（ますだ・みきと）

駒澤大学経済学部准教授。専門は経済人口学、応用計量経済学、経済統計。著書に『人口減少と少子化対策』（原書房、共著）、『高齢社会の労働市場分析』（中央大学出版部、共著）などがある。

矢野浩一（やの・こういち）

駒澤大学経済学部教授。専門は応用統計学、マクロ経済学。著書に『リフレが日本経済を復活させる』（中央経済社、共著）、論文に「動学的確率的一般均衡(DSGE)モデルと政策分析」などがある。

執筆者紹介

飯田泰之（いいだ・やすゆき）

明治大学政治経済学部准教授。専門はマクロ経済学、経済政策。著書に『日本史に学ぶマネーの論理』（PHP研究所）、『マクロ経済学の核心』（光文社新書）、『これからの地域再生』（晶文社、編著）など多数。

井上智洋（いのうえ・ともひろ）

駒澤大学経済学部准教授。専門はマクロ経済学、貨幣経済理論、成長理論。著書に『人工知能と経済の未来』（文春新書）、『純粋機械化経済』（日本経済新聞社）、『MMT 現代貨幣理論とは何か』（講談社選書メチエ）など多数。

松尾 匡（まつお・ただす）

立命館大学経済学部教授。専門は理論経済学。著書に『不況は人災です』（筑摩書房）、『この経済政策が民主主義を救う』（大月書店）、『そろそろ左派は〈経済〉を語ろう』『「反緊縮！」宣言』（共に亜紀書房、共著）など多数。

奥山雅之（おくやま・まさゆき）

明治大学政治経済学部准教授。専門は地域産業、中小企業、地域ビジネス。著書に『地域中小製造業のサービス・イノベーション』（ミネルヴァ書房）、『先進事例で学ぶ地域経済論×中小企業論』（ミネルヴァ書房、共著）などがある。

小田巻友子（おだまき・ともこ）

立命館大学経済学部准教授。専門は社会政策。論文に「ポスト福祉国家におけるコ・プロダクションと協同組合」「スウェーデンのPersonligt ombudにみる福祉サービス供給における利用者主権の取り組み」などがある。

経済の論点がこれ1冊でわかる
教養のための経済学
超ブックガイド88

2020年8月1日　第1版第1刷発行

編　者　飯田泰之・井上智洋・松尾匡
著　者　奥山雅之・小田巻友子・佐藤綾野・中田大悟・朴 勝俊・北條雅一・増田幹人・矢野浩一
ブックデザイン　小口翔平＋岩永香穂＋三沢稜（tobufune）
発行所　株式会社亜紀書房
東京都千代田区神田神保町1-32
電話　03-5280-0261
振替　00100-9-144037
http://www.akishobo.com
印　刷　株式会社トライ
http://www.try-sky.com

ISBN 978-4-7505-1651-6 C0033
Printed in Japan